KB243070

중국어회화
패턴으로 정복하기

이지랭기지 스터디 엮음
허경 (許京) 감수

정진출판사

머리말

어려운 중국어, 어떻게 하면 조금이라도 쉽게 접근할 수 있을까?

중국어에 익숙하지 않은 초보 단계에서는 우리말과 다른 중국어의 구조를 체득하는 것이 중요합니다. 패턴에 익숙해지다 보면 문법구조를 자연스레 습득하게 되고, 자유자재로 응용이 가능하여 어휘력도 풍부해지기 때문에 패턴을 공부하는 것은 중국어회화 실력을 한 단계 업그레이드시킬 수 있는 지름길이 될 것입니다.

이 책은 중국어회화를 잘하고 싶지만 복잡하고 어려운 문법을 공부하는 것이 부담스러워 쉽게 도전하지 못하는 학습자들을 위해 만들어진 교재입니다. 38개 챕터, 총 150개 패턴을 크게 문형과 주제별로 나누어 구성하였습니다.

각 패턴에 활용된 기초 문법을 설명하고, 기본 표현과 더불어 간단한 대화를 추가하였습니다. 또한 챕터별로 문제를 배치하여 앞서 배운 패턴을 실제로 적용해 보고, 자신의 학습을 점검해 볼 수 있도록 하였습니다.

일상생활에서 쉽게 접할 수 있는 문장을 중심으로 구성하여 학습자들로 하여금 실제 생활에서 사용되는 중국어를 접하고 흥미를 느낄 수 있도록 하였으며, 다양한 문법 사항을 패턴으로 정리하여 자칫 복잡하고 어렵게 느껴질 수 있는 문법을 학습자들이 쉽게 이해할 수 있도록 체계적으로 정리하였습니다.

아무쪼록 이 책이 중국어 학습자 여러분들의 실력 향상을 돕는 유용한 도구가 되길 바랍니다.

Contents

Contents

::: {align=right}
Contents
:::

PART 2 주제별 패턴 중국어

30. 인사&이름

31. 국적&나이

32. 날짜&시간

PART 1

문형별
패턴중국어

chapter 01

중국어에서 동사는 사람이나 사물의 움직임뿐만 아니라 판단이나 존재, 변화, 발전, 심리활동까지 포함하는데, 이러한 동사가 술어로 쓰인 문장을 동사술어문이라고 해요. 이 과에서는 [주어+동사], [주어+동사+목적어], [주어+不+동사+목적어], [주어+동사+목적어+吗] 패턴을 배워보도록 해요.

我学习。

나는 공부해요.

동사술어문의 기본형으로 목적어 없이 주어와 동사로만 이루어진 문장이에요. 주어가 어떤 동작을 행한다는 표현이에요.

주어 + 동사

我学习。
Wǒ xuéxí.
나는 공부해요.

他笑。
Tā xiào.
그는 웃어요.

她哭。
Tā kū.
그녀는 울어요.

我们去。
Wǒmen qù.
우리는 가요.

他们来。
Tāmen lái.
그들은 와요.

 대화해 봐요!

A : 你们去吗? 너희들은 가니?
　　Nǐmen qù ma?

B : 嗯，我们去。 응, 우리는 가.
　　Ng, wǒmen qù.

我学习汉语。

나는 중국어를 공부해요.

주어가 행하는 동작에 대상이 있을 때, 그 대상을 목적어라고 하며, 중국어의 어순에서 '~을(를)'로 해석되는 목적어는 동사 뒤에 위치해요.

주어 + 동사 + 목적어

我学习汉语。 Wǒ xuéxí Hànyǔ.	나는 중국어를 공부해요.
他吃烤肉。 Tā chī kǎoròu.	그는 불고기를 먹어요.
她喝水。 Tā hē shuǐ.	그녀는 물을 마셔요.
我们看电影。 Wǒmen kàn diànyǐng.	우리는 영화를 봐요.
他们听音乐。 Tāmen tīng yīnyuè.	그들은 음악을 들어요.

 대화해 봐요!

A : 你们看什么? 너희들은 무엇을 보니?
　　Nǐmen kàn shénme?

B : 我们看电影。 우리는 영화를 봐.
　　Wǒmen kàn diànyǐng.

~은(는) …하지 않아요

我**不学习**汉语。

나는 중국어를 공부하지 않아요.

동사술어문의 부정형은 동사 앞에 부정부사 '不'를 붙여주면 돼요.

주어 + **不** + 동사 + 목적어

我**不学习**汉语。 Wǒ bù xuéxí Hànyǔ.	나는 중국어를 공부하지 않아요.
他**不喝**酒。 Tā bù hē jiǔ.	그는 술을 안 마셔요.
她**不说**谎话。 Tā bù shuō huǎnghuà.	그녀는 거짓말을 하지 않아요.
我们**不吃**肉。 Wǒmen bù chī ròu.	우리는 고기를 안 먹어요.
他们**不唱**歌。 Tāmen bú chànggē.	그들은 노래를 부르지 않아요.

 대화해 봐요!

A : 他**喝**酒吗? 그는 술을 마시니?
Tā hē jiǔ ma?

B : 他**不喝**酒。 그는 술을 안 마셔.
Tā bù hē jiǔ.

你学习汉语吗?

당신은 중국어를 공부해요?

동사술어문의 의문형은 문장 끝에 어기조사 '吗'를 붙여주면 돼요. 주어가 어떤 동작을 행하는지 여부를 물을 수 있어요.

주어 + 동사 + 목적어 + 吗

你学习汉语吗? Nǐ xuéxí Hànyǔ ma?	당신은 중국어를 공부해요?
他喝牛奶吗? Tā hē niúnǎi ma?	그는 우유를 마셔요?
她看电视吗? Tā kàn diànshì ma?	그녀는 텔레비전을 봐요?
你们吃早饭吗? Nǐmen chī zǎofàn ma?	당신들은 아침밥을 먹어요?
他们听收音机吗? Tāmen tīng shōuyīnjī ma?	그들은 라디오를 들어요?

 대화해 봐요!

A : 他们听收音机吗? 그들은 라디오를 듣니?
　　Tāmen tīng shōuyīnjī ma?

B : 嗯, 他们听收音机。 응, 그들은 라디오를 들어.
　　Ng, tāmen tīng shōuyīnjī.

★ 어순에 맞게 배열하세요.

01。 看 / 我们 / 电影

____

02。 谎话 / 不 / 她 / 说

____

★ 한어병음을 중국어로 바꿔 써보세요.

03。 Tā(그) bù hē jiǔ.

____

04。 Nǐ xuéxí Hànyǔ ma?

____

★ 중국어를 우리말로 바꿔 써보세요.

05。 我们不吃肉。

____

06。 她看电视吗?

____

chapter 02

주어의 모양이나 성질 및 상태 등을 나타내는 형용사가 술어로 쓰인 문장을 형용사술어문이라고 해요. 이 과에서는 [주어＋很＋형용사], [주어＋太＋형용사＋了], [주어＋不＋형용사], [주어＋不太＋형용사] 패턴을 배워보도록 해요.

我很聪明。

나는 (매우) 똑똑해요.

형용사가 술어로 쓰일 때, 중국인들은 습관적으로 형용사 앞에 정도부사 '很'을 붙여서 말해요. '很'은 '매우'라는 뜻이 있지만, 일반적으로 강조의 의미는 없어요.

주어 + **很** + 형용사

我很聪明。 Wǒ hěn cōngming.	나는 (매우) 똑똑해요.
柠檬很酸。 Níngméng hěn suān.	레몬은 (매우) 셔요.
西瓜很甜。 Xīguā hěn tián.	수박은 (매우) 달아요.
药很苦。 Yào hěn kǔ.	약은 (매우) 써요.
辣椒很辣。 Làjiāo hěn là.	고추는 (매우) 매워요.

 대화해 봐요!

A : 西瓜甜吗? 수박은 다니?
　　Xīguā tián ma?

B : 西瓜很甜。 수박은 (매우) 달아.
　　Xīguā hěn tián.

我太聪明了。

나는 너무 똑똑해요.

정도부사 '太'는 문장 끝에 종종 '了'를 동반하며, 형용사 앞에 쓰여 '매우, 대단히'라는 뜻을 나타내기도 하지만, 주로 '너무 ~하다'라는 뜻으로 그 정도의 심함이 지나침을 나타내요.

주어 + 太 + 형용사 + 了

我太聪明了。 Wǒ tài cōngming le.	나는 너무 똑똑해요.
时间太晚了。 Shíjiān tài wǎn le.	시간이 너무 늦었어요.
天气太热了。 Tiānqì tài rè le.	날씨가 너무 더워요.
个子太高了。 Gèzi tài gāo le.	키가 너무 커요.
问题太难了。 Wèntí tài nán le.	문제가 너무 어려워요.

대화해 봐요!

A : 问题怎么样? 문제는 어땠니?
Wèntí zěnmeyàng?

B : 问题太难了。 문제는 너무 어려웠어.
Wèntí tài nán le.

我不聪明。

나는 똑똑하지 않아요.

형용사술어문의 부정형은 형용사 앞에 부정부사 '不'를 붙여주면 돼요. 이때 정도부사 '很'은 생략해요.

주어 + **不** + 형용사

我不聪明。 Wǒ bù cōngming.	나는 똑똑하지 않아요.
他不胖。 Tā bú pàng.	그는 뚱뚱하지 않아요.
她不瘦。 Tā bú shòu.	그녀는 마르지 않았어요.
弟弟不高。 Dìdi bù gāo.	남동생은 키가 크지 않아요.
哥哥不矮。 Gēge bù ǎi.	형(오빠)은 키가 작지 않아요.

 대화해 봐요!

A : 他胖吗? 그는 뚱뚱하니?
　　Tā pàng ma?

B : 他不胖。 그는 뚱뚱하지 않아.
　　Tā bú pàng.

我不太聪明。

나는 그다지 똑똑하지 않아요.

부사 '不太'는 형용사 앞에 쓰여 '그다지 ~하지 않다'라는 뜻을 나타내요.

주어 + **不太** + 형용사

我不太聪明。 Wǒ bú tài cōngming.	나는 그다지 똑똑하지 않아요.
爸爸不太累。 Bàba bú tài lèi.	아빠는 그다지 피곤하지 않아요.
妈妈不太忙。 Māma bú tài máng.	엄마는 그다지 바쁘지 않아요.
房子不太大。 Fángzi bú tài dà.	집은 그다지 크지 않아요.
年龄不太小。 Niánlíng bú tài xiǎo.	나이는 그다지 어리지 않아요.

 대화해 봐요!

A : **房子大吗?** 집은 크니?
　　Fángzi dà ma?

B : **房子不太大。** 집은 그다지 크지 않아.
　　Fángzi bú tài dà.

★ 어순에 맞게 배열하세요.

01. 很 / 酸 / 柠檬

02. 太 / 时间 / 了 / 晚

★ 한어병음을 중국어로 바꿔 써보세요.

03. Wǒ tài cōngming le.

04. Dìdi bù gāo.

★ 중국어를 우리말로 바꿔 써보세요.

05. 他不胖。

06. 房子不太大。

chapter 03

'是'자문

나는 학생이에요.

판단동사 '是'가 술어로 사용된 문장을 '是'자문이라고 해요. 이 과에서는 [A+是+B], [A+不是+B], [A+也是+B], [A+都是+B] 패턴을 배워보도록 해요.

我是学生。

나는 학생이에요.

판단동사 '是'는 '~이다'라는 뜻으로, 동작이나 행위를 나타내는 것이 아니라 판단과 긍정을 나타내는 역할을 해요. [A+是+B]일 때, '是'는 A와 B를 같은 것으로 연결해 주고, 단독으로 사용될 경우, '네, 그렇다'라는 뜻을 나타내요.

A + 是 + B

我是学生。
Wǒ shì xuésheng.

나는 학생이에요.

你是老师。
Nǐ shì lǎoshī.

당신은 선생님이에요.

他是厨师。
Tā shì chúshī.

그는 요리사예요.

这是桌子。
Zhè shì zhuōzi.

이것은 탁자예요.

那是椅子。
Nà shì yǐzi.

저(그)것은 의자예요.

대화해 봐요!

A : **这是什么?** 이것은 무엇이니?
Zhè shì shénme?

B : **这是桌子。** 이것은 탁자야.
Zhè shì zhuōzi.

我不是学生。

나는 학생이 아니에요.

판단동사 '是'의 부정형은 '是' 앞에 부정부사 '不'를 붙여주고, 'A는 B가 아니다'라고 해석하면 돼요.

A + 不是 + B

我不是学生。
Wǒ bú shì xuésheng.

나는 학생이 아니에요.

你不是大学生。
Nǐ bú shì dàxuéshēng.

당신은 대학생이 아니에요.

他不是留学生。
Tā bú shì liúxuéshēng.

그는 유학생이 아니에요.

这不是空调。
Zhè bú shì kōngtiáo.

이것은 에어컨이 아니에요.

那不是电风扇。
Nà bú shì diànfēngshàn.

저(그)것은 선풍기가 아니에요.

 대화해 봐요!

A : 他是留学生吗? 그는 유학생이니?
　　Tā shì liúxuéshēng ma?

B : 他不是留学生。 그는 유학생이 아니야.
　　Tā bú shì liúxuéshēng.

我也是学生。

나도 학생이에요.

판단동사 '是' 앞에 '~도, ~역시'라는 뜻의 부사 '也'를 붙이면 'A도 B이다'라는 뜻이 돼요.

A + 也是 + B

我也是学生。
Wǒ yě shì xuésheng.
나도 학생이에요.

你也是医生。
Nǐ yě shì yīshēng.
당신도 의사예요.

他也是护士。
Tā yě shì hùshi.
그도 간호사예요.

这也是电话。
Zhè yě shì diànhuà.
이것도 전화예요.

那也是手机。
Nà yě shì shǒujī.
저(그)것도 휴대전화예요.

 대화해 봐요!

A : 那是什么? 저것은 뭐니?
Nà shì shénme?

B : 那也是手机。 저것도 휴대전화야.
Nà yě shì shǒujī.

我们都是学生。

우리는 모두 학생이에요.

판단동사 '是' 앞에 '모두, 다, 전부'라는 뜻의 범위부사 '都'를 붙이면 'A는 모두 B이다'라는 뜻이 돼요.

A + 都是 + B

我们都是学生。
Wǒmen dōu shì xuésheng.

우리는 모두 학생이에요.

你们都是记者。
Nǐmen dōu shì jìzhě.

당신들은 모두 기자예요.

他们都是警察。
Tāmen dōu shì jǐngchá.

그들은 모두 경찰이에요.

这(些)都是电脑。
Zhè(xiē) dōu shì diànnǎo.

이것들은 모두 컴퓨터예요.

那(些)都是笔记本电脑。
Nà(xiē) dōu shì bǐjìběn diànnǎo.

저(그)것들은 모두 노트북이에요.

 대화해 봐요!

A : **他们是谁?** 그들은 누구니?
Tāmen shì shéi?

B : **他们都是警察。** 그들은 모두 경찰이야.
Tāmen dōu shì jǐngchá.

CHAPTER 03

★ 어순에 맞게 배열하세요.

01. 不 / 他 / 留学生 / 是

____

02. 学生 / 是 / 我 / 也

____

★ 한어병음을 중국어로 바꿔 써보세요.

03. Zhè bú shì kōngtiáo.

____

04. Nà yě shì shǒujī.

____

★ 중국어를 우리말로 바꿔 써보세요.

05. 他也是护士。

____

06. 你们都是记者。

____

chapter 04

전치사는 명사, 대명사 혹은 일부 구절 앞에 놓여 전치사구를 이루고, 이러한 전치사구는 동작이나 행위의 시간, 장소, 방향, 원인, 방식, 대상 등을 나타내요. 이 과에서는 [주어+和+A+一起+동사+(목적어)], [주어+给+A+동사+목적어], [주어+对+A+술어], [주어+在+장소+동사+(목적어)], [(주어)+从+시간/장소+동사+(목적어)], [(주어)+离+시간/장소+술어], [(주어)+向+A+동사+(목적어)], [(주어)+为+A+술어] 패턴을 배워보도록 해요.

我和他一起学习。

나는 그와 함께 공부해요.

전치사 '和'는 '~와(과)'라는 뜻으로, '一起'와 함께 쓰여 주어와 A가 함께 어떤 동작을 행하는 등 주로 쌍방간의 동작을 나타내요. '和'와 같은 뜻의 전치사 '跟'을 대신 사용할 수 있어요.

주어 + 和 + A + 一起 + 동사 + (목적어)

我和他一起学习。 Wǒ hé tā yìqǐ xuéxí.	나는 그와 함께 공부해요.
我和他一起去公园。 Wǒ hé tā yìqǐ qù gōngyuán.	나는 그와 함께 공원에 가요.
我和朋友一起工作。 Wǒ hé péngyou yìqǐ gōngzuò.	나는 친구와 함께 일해요.
我跟朋友一起生活。 Wǒ gēn péngyou yìqǐ shēnghuó.	나는 친구와 함께 생활해요.
我跟朋友一起玩儿。 Wǒ gēn péngyou yìqǐ wánr.	나는 친구와 함께 놀아요.

 대화해 봐요!

A : 今天下午你做什么? 오늘 오후에 너는 무엇을 하니?
　　Jīntiān xiàwǔ nǐ zuò shénme?

B : 我和他一起学习。 나는 그와 함께 공부해.
　　Wǒ hé tā yìqǐ xuéxí.

014

我给她买礼物。

나는 그녀에게 선물을 사 줘요.

전치사 '给'는 '~에게 ~해 주다'라는 뜻으로, 뒤에 행위나 동작을 받는 대상이 나와요.

주어 + 给 + A + 동사 + 목적어

我给她买礼物。
Wǒ gěi tā mǎi lǐwù.

나는 그녀에게 선물을 사 줘요.

我给朋友发短信。
Wǒ gěi péngyou fā duǎnxìn.

나는 친구에게 문자를 보내요.

爸爸给奶奶打电话。
Bàba gěi nǎinai dǎ diànhuà.

아빠는 할머니께 전화를 드려요.

妈妈给我做菜。
Māma gěi wǒ zuò cài.

엄마는 나에게 요리를 해주세요.

朋友给我介绍男朋友。
Péngyou gěi wǒ jièshào nánpéngyou.

친구는 나에게 남자친구를 소개해 줘요.

대화해 봐요!

A : **谁给你做菜?** 누가 너에게 요리를 해주니?
Shéi gěi nǐ zuò cài?

B : **妈妈给我做菜。** 엄마가 나에게 요리를 해주셔.
Māma gěi wǒ zuò cài.

我对她有意思。

나는 그녀에게 호감이 있어요.

전치사 '对'는 '~에게, ~에 (대하여)'라는 뜻으로, 동작의 대상을 제시하여 주로 그 대상에게 보이는 태도가 어떠한지를 나타낼 때 사용해요. 여기에서 '意思'는 '뜻, 의미'라는 뜻이 아니라 '호감, 관심'이라는 뜻이에요.

주어 + 对 + A + 술어

我对她有意思。
Wǒ duì tā yǒu yìsi.

나는 그녀에게 호감이 있어요.

他对我很好。
Tā duì wǒ hěn hǎo.

그는 나에게 (매우) 잘 해줘요.

她对他有意见。
Tā duì tā yǒu yìjiàn.

그녀는 그에게 불만이 있어요.

我们对电脑很感兴趣。
Wǒmen duì diànnǎo hěn gǎn xìngqù.

우리는 컴퓨터에 (매우) 관심이 있어요.

他们对外国人很热情。
Tāmen duì wàiguórén hěn rèqíng.

그들은 외국인에게 (매우) 친절해요.

 대화해 봐요!

A : 他对你怎么样? 그는 너한테 어떠니?
Tā duì nǐ zěnmeyàng?

B : 他对我很好。 그는 나한테 (매우) 잘 해줘.
Tā duì wǒ hěn hǎo.

~에서 ...해요

我**在**火车站等他。

나는 기차역에서 그를 기다려요.

전치사 '在'는 '~에서'라는 뜻으로, 어떠한 상황이나 동작이 발생하는 시간이나 장소를 나타내요.

주어 + **在** + 장소 + 동사 + (목적어)

我在火车站等他。
Wǒ zài huǒchēzhàn děng tā.

나는 기차역에서 그를 기다려요.

他在美国工作。
Tā zài Měiguó gōngzuò.

그는 미국에서 일해요.

她在家里休息。
Tā zài jiā lǐ xiūxi.

그녀는 집에서 쉬어요.

我们在西餐厅吃晚饭。
Wǒmen zài xīcāntīng chī wǎnfàn.

우리는 레스토랑에서 저녁을 먹어요.

我们在图书馆学习。
Wǒmen zài túshūguǎn xuéxí.

우리는 도서관에서 공부를 해요.

대화해 봐요!

A : **你们在哪儿学习?** 너희들은 어디에서 공부하니?
Nǐmen zài nǎr xuéxí?

B : **我们在图书馆学习。** 우리는 도서관에서 공부해.
Wǒmen zài túshūguǎn xuéxí.

从这儿开始。

여기서부터 시작해요.

전치사 '从'은 '~에서, ~부터'라는 뜻으로, 시간이나 장소의 출발점을 나타내요. 종종 '~까지'라는 뜻의 '到'와 함께 쓰여요.

(주어) + 从 + 시간/장소 + 동사 + (목적어)

从这儿开始。
Cóng zhèr kāishǐ.

여기서부터 시작해요.

会议从三点开始。
Huìyì cóng sān diǎn kāishǐ.

회의는 세 시부터 시작해요.

他从年初到年底都很忙。
Tā cóng niánchū dào niándǐ dōu hěn máng.

그는 연초부터 연말까지 계속 바빠요.

她从早上到晚上学习。
Tā cóng zǎoshang dào wǎnshang xuéxí.

그녀는 아침부터 저녁까지 공부해요.

我们从首尔出发。
Wǒmen cóng Shǒu'ěr chūfā.

우리는 서울에서 출발해요.

 대화해 봐요!

A : 会议几点开始? 회의는 몇 시에 시작하니?
　　Huìyì jǐ diǎn kāishǐ?

B : 会议从三点开始。 회의는 세 시부터 시작해.
　　Huìyì cóng sān diǎn kāishǐ.

我家离这儿很近。

우리 집은 여기에서 (매우) 가까워요.

전치사 '离'는 '~로부터, ~에서'라는 뜻으로, '从'과 비슷한 듯 보이지만 '从'이 시간이나 장소의 출발점을 나타내는 반면, '离'는 시간·공간적 거리를 나타낼 때, 그 기준점이 되는 시간이나 장소 앞에 놓여요.

(주어) + 离 + 시간/장소 + 술어

我家离这儿很近。
Wǒ jiā lí zhèr hěn jìn.

우리 집은 여기에서 (매우) 가까워요.

机场离饭店很远。
Jīchǎng lí fàndiàn hěn yuǎn.

공항은 호텔에서 (매우) 멀어요.

银行离邮局不远。
Yínháng lí yóujú bù yuǎn.

은행은 우체국에서 멀지 않아요.

离圣诞节还有一个星期。
Lí Shèngdànjié hái yǒu yí ge xīngqī.

크리스마스까지 아직 일주일이 남았어요.

离下课还有十分钟。
Lí xiàkè hái yǒu shí fēnzhōng.

수업이 끝나려면 아직 10분이 남았어요.

 대화해 봐요!

A : 机场离饭店远吗? 공항은 호텔에서 머니?
Jīchǎng lí fàndiàn yuǎn ma?

B : 机场离饭店很远。 공항은 호텔에서 (매우) 멀어.
Jīchǎng lí fàndiàn hěn yuǎn.

向前走。

앞으로 가요.

전치사 '向'은 '~쪽으로, ~을(를) 향하여'라는 뜻으로, 동작이나 행위의 방향을 나타내요. 같은 뜻을 가진 전치사 '往'은 그 뒤에 장소나 방향을 나타내는 단어만 올 수 있는 반면, '向' 뒤에는 장소와 방향뿐만 아니라 사람을 나타내는 단어까지 모두 올 수 있어요.

(주어) + 向 + A + 동사 + (목적어)

向前走。 Xiàng qián zǒu.	앞으로 가요.
向她学习。 Xiàng tā xuéxí.	그녀를 본받아요.
我向朋友道歉。 Wǒ xiàng péngyou dàoqiàn.	나는 친구에게 사과를 해요.
他向她告白。 Tā xiàng tā gàobái.	그는 그녀에게 고백을 해요.
他们向我挥手。 Tāmen xiàng wǒ huīshǒu.	그들은 나를 향해 손을 흔들어요.

 대화해 봐요!

A : 向哪儿走? 어느 쪽으로 가?
　　Xiàng nǎr zǒu?

B : 向前走。 앞으로 가.
　　Xiàng qián zǒu.

 020

我为你高兴。

나는 당신 때문에 기뻐요.

전치사 '为'는 '~을(를) 위해, ~때문에, ~로 인해'라는 뜻으로, 주어가 행한 동작의 원인이나 목적을 나타내요.

(주어) + **为** + A + 술어

我**为**你高兴。
Wǒ wèi nǐ gāoxìng.

나는 당신 때문에 기뻐요.

他**为**她唱了一首歌。
Tā wèi tā chàngle yì shǒu gē.

그는 그녀를 위해 노래 한 곡을 불렀어요.

父母**为**我骄傲。
Fùmǔ wèi wǒ jiāo'ào.

부모님은 나를 자랑스러워하세요.

妈妈**为**弟弟担心。
Māma wèi dìdi dānxīn.

엄마는 남동생을 걱정해요.

为我们的友谊干杯!
Wèi wǒmen de yǒuyì gānbēi!

우리의 우정을 위해 건배!

 대화해 봐요!

A : **为**我们的友谊干杯! 우리의 우정을 위해 건배!
　　Wèi wǒmen de yǒuyì gānbēi!

B : 干杯! 건배!
　　Gānbēi!

★ 어순에 맞게 배열하세요.

01。 朋友 / 跟 / 我 (주어) / 一起 / 玩儿

____

02。 她 / 有 / 对 / 我 (주어) / 意思

____

★ 한어병음을 중국어로 바꿔 써보세요.

03。 Māma gěi wǒ zuò cài.

____

04。 Yínháng lí yóujú bù yuǎn.

____

★ 중국어를 우리말로 바꿔 써보세요.

05。 离下课还有十分钟。

____

06。 父母为我骄傲。

____

chapter 05

조동사(능원동사)는 동사 앞에 쓰여 동사 혼자서는 표현할 수 없는 바람, 능력, 가능, 당위 등의 뜻을 나타내며 동사를 도와주는 역할을 해요. 이 과에서는 [주어+想/要/愿意/能/会/可以/应该/得＋동사+(목적어)] 패턴을 배워보도록 해요.

我想喝咖啡。

나는 커피를 마시고 싶어요.

'생각하다'라는 뜻의 동사 '想'이 조동사로 쓰이면 '~하고 싶다'라는 뜻이 되며, 주어의 주관적인 바람을 나타내요. '~하고 싶지 않다, ~하기 싫다'라는 뜻의 부정형은 조동사 '想' 앞에 '不'를 붙여서 표현해요.

주어 + 想 + 동사 + (목적어)

我想喝咖啡。
Wǒ xiǎng hē kāfēi.
나는 커피를 마시고 싶어요.

他想谈恋爱。
Tā xiǎng tán liàn'ài.
그는 연애를 하고 싶어요.

她想去中国。
Tā xiǎng qù Zhōngguó.
그녀는 중국에 가고 싶어요.

我们想学汉语。
Wǒmen xiǎng xué Hànyǔ.
우리는 중국어를 배우고 싶어요.

他们想吃饺子。
Tāmen xiǎng chī jiǎozi.
그들은 만두를 먹고 싶어요.

 대화해 봐요!

A : **你们想学什么？** 너희들은 무엇을 배우고 싶니?
Nǐmen xiǎng xué shénme?

B : **我们想学汉语。** 우리들은 중국어를 배우고 싶어.
Wǒmen xiǎng xué Hànyǔ.

我要喝咖啡。

나는 커피를 마시려고 해요.

'원하다, 필요하다, 요구하다'라는 뜻의 동사 '要'가 조동사로 쓰이면 '~하려고 하다, ~해야 한다'라는 뜻이 돼요. 주로 어떤 의지나 이미 결정한 일, 해야만 하는 일(당위성)을 나타내며, 부정형은 '不想'과 '不用(~할 필요 없다)'을 사용해요. '不要(~하지 마세요)'라고 하지 않도록 주의하세요.

주어 + 要 + 동사 + (목적어)

我要喝咖啡。
Wǒ yào hē kāfēi.

나는 커피를 마시려고 해요.

她要买衣服。
Tā yào mǎi yīfu.

그녀는 옷을 사려고 해요.

我们要学英语。
Wǒmen yào xué Yīngyǔ.

우리는 영어를 배워야 해요.

我们要换钱。
Wǒmen yào huànqián.

우리는 환전을 해야 해요.

我们要换车。
Wǒmen yào huàn chē.

우리는 환승을 해야 해요.

 대화해 봐요!

A : **她要买什么?** 그녀는 무엇을 사려고 하니?
　　Tā yào mǎi shénme?

B : **她要买衣服。** 그녀는 옷을 사려고 해.
　　Tā yào mǎi yīfu.

我愿意和她在一起。

나는 그녀와 함께 있기를 원해요.

조동사 '愿意'는 '~하기를 원하다, ~하고 싶다'라는 뜻으로, 주어의 마음 속 소망이나 바람 등을 나타내요. 부정형은 조동사 '愿意' 앞에 '不'를 붙여서 표현해요.

주어 + 愿意 + 동사 + (목적어)

我愿意和她在一起。
Wǒ yuànyì hé tā zài yìqǐ.

나는 그녀와 함께 있기를 원해요.

我愿意和她结婚。
Wǒ yuànyì hé tā jiéhūn.

나는 그녀와 결혼하기를 원해요.

他愿意帮我们。
Tā yuànyì bāng wǒmen.

그는 우리를 돕길 원해요.

她愿意去中国工作。
Tā yuànyì qù Zhōngguó gōngzuò.

그녀는 중국에 가서 일하고 싶어해요.

我们愿意参加比赛。
Wǒmen yuànyì cānjiā bǐsài.

우리는 경기에 참가하고 싶어요.

 대화해 봐요!

A : **你爱她吗?** 너는 그녀를 사랑하니?
　　Nǐ ài tā ma?

B : **嗯，我愿意和她结婚。** 응, 나는 그녀와 결혼하기를 원해.
　　Ng, wǒ yuànyì hé tā jiéhūn.

我能和中国人说话。

나는 중국인과 얘기할 수 있어요.

조동사 '能'은 '~할 수 있다'라는 뜻으로, 어떤 능력이나 여건이 되어 가능함을 나타내고, 불가능함은 조동사 '能' 앞에 '不'를 붙여 나타낼 수 있어요.

주어 + 能 + 동사 + (목적어)

我能和中国人说话。
Wǒ néng hé Zhōngguórén shuōhuà.

나는 중국인과 얘기할 수 있어요.

他能参加晚会。
Tā néng cānjiā wǎnhuì.

그는 저녁 모임에 참석할 수 있어요.

她能游一百米。
Tā néng yóu yìbǎi mǐ.

그녀는 100미터를 수영할 수 있어요.

我们能看懂这本书。
Wǒmen néng kàndǒng zhè běn shū.

우리는 이 책을 읽고 이해할 수 있어요.

他们能去中国旅游。
Tāmen néng qù Zhōngguó lǚyóu.

그들은 중국으로 여행 갈 수 있어요.

 대화해 봐요!

A : **你能和中国人说话吗?** 너는 중국인과 얘기할 수 있어?
Nǐ néng hé Zhōngguórén shuōhuà ma?

B : **嗯, 我能和中国人说话。** 응, 나는 중국인과 얘기할 수 있어.
Ng, wǒ néng hé Zhōngguórén shuōhuà.

我会说汉语。

나는 중국어를 할 줄 알아요.

조동사 '会'는 '~할 수 있다'라는 뜻으로, '能'과 비슷한 듯 보이지만, '能'이 일반적인 능력을 나타내는 반면, '会'는 학습과 습득으로 인한 가능함과 '~할 것이다'라는 뜻으로 쓰여 어떤 상황에 대한 가능성 및 추측을 나타내기도 해요. 가능성 및 추측을 나타낼 때는 종종 문장 끝에 '的'와 함께 사용되어 확실한 어감을 더 해줘요. 부정형은 조동사 '会' 앞에 '不'를 붙여서 표현해요.

주어 + **会** + 동사 + (목적어)

我会说汉语。 Wǒ huì shuō Hànyǔ.	나는 중국어를 할 줄 알아요.
我会骑马。 Wǒ huì qí mǎ.	나는 말을 탈 줄 알아요.
他会做泡菜汤。 Tā huì zuò pàocàitāng.	그는 김치찌개를 끓일 줄 알아요.
他会相信你(的)。 Tā huì xiāngxìn nǐ (de).	그는 당신을 믿을 거예요.
她会高兴(的)。 Tā huì gāoxìng (de).	그녀는 기뻐할 거예요.

 대화해 봐요!

A : **他会相信我吗?** 그가 나를 믿을까?
　　Tā huì xiāngxìn wǒ ma?

B : **他会相信你(的)。** 그는 너를 믿을 거야.
　　Tā huì xiāngxìn nǐ (de).

~할 수 있어요 / ~해도 돼요

我可以帮你。

나는 당신을 도울 수 있어요.

조동사 '可以'는 '~할 수 있다, ~해도 된다'라는 뜻으로, 상황에 따라 가능과 능력을 나타내는 조동사 '能'과 바꾸어 쓸 수 있으며, 허가의 뜻을 나타내기도 해요. 부정형은 조동사 '可以' 앞에 '不'를 붙여서 표현해요.

주어 + 可以 + 동사 + (목적어)

我可以帮你。
Wǒ kěyǐ bāng nǐ.

나는 당신을 도울 수 있어요.

我可以参加这次比赛。
Wǒ kěyǐ cānjiā zhè cì bǐsài.

나는 이번 대회에 참가할 수 있어요.

你可以走。
Nǐ kěyǐ zǒu.

(당신은) 가도 돼요.

你可以坐这儿。
Nǐ kěyǐ zuò zhèr.

(당신은) 여기 앉아도 돼요.

这儿可以抽烟。
Zhèr kěyǐ chōu yān.

여기는 담배를 피워도 돼요.

 대화해 봐요!

A : **这儿可以抽烟吗?** 여기에서 담배 피워도 되니?
Zhèr kěyǐ chōu yān ma?

B : **这儿可以抽烟。** 여기에서 담배 피워도 돼.
Zhèr kěyǐ chōu yān.

学生**应该**好好学习。

학생은 마땅히 열심히 공부해야 해요.

조동사 '应该'는 '마땅히 ~해야 한다'라는 뜻으로, 도리상의 필요성을 나타내요. 부정형은 조동사 '应该' 앞에 '不'를 붙여서 표현해요.

주어 + **应该** + 동사 + (목적어)

学生应该好好学习。
Xuésheng yīnggāi hǎohāo xuéxí.

학생은 마땅히 열심히 공부해야 해요.

妈妈应该照顾孩子。
Māma yīnggāi zhàogù háizi.

엄마는 마땅히 아이를 돌봐야 해요.

你应该帮助朋友。
Nǐ yīnggāi bāngzhù péngyou.

당신은 마땅히 친구를 도와야 해요.

你应该听他的话。
Nǐ yīnggāi tīng tā de huà.

당신은 마땅히 그의 말을 들어야 해요.

我们应该孝敬父母。
Wǒmen yīnggāi xiàojìng fùmǔ.

우리는 마땅히 부모님께 효도해야 해요.

 대화해 봐요!

A : **我该怎么办?** 나는 어떻게 해야 하지?
　　Wǒ gāi zěnme bàn?

B : **你应该听他的话。** 너는 마땅히 그의 말을 들어야 해.
　　Nǐ yīnggāi tīng tā de huà.

学生得努力学习。

학생은 열심히 공부해야 해요.

조동사 '得'는 '~해야 한다'라는 뜻으로, 도리상이나 현실적인 필요성을 나타내요. 부정형은 '~할 필요 없다'라는 뜻의 '不用'을 사용한다는 점에 주의하세요.

주어 + **得** + 동사 + (목적어)

学生得努力学习。
Xuésheng děi nǔlì xuéxí.

학생은 열심히 공부해야 해요.

男朋友得出差。
Nánpéngyou děi chūchāi.

남자친구는 출장을 가야 해요.

你得好好休息。
Nǐ děi hǎohāo xiūxi.

당신은 푹 쉬어야 해요.

你们得注意身体。
Nǐmen děi zhùyì shēntǐ.

당신들은 몸 조심해야 해요.

他们得加班。
Tāmen děi jiābān.

그들은 특근을 해야 해요.

 대화해 봐요!

A : **我太累了！** 나 너무 피곤해!
Wǒ tài lèi le!

B : **你得好好休息。** 너는 푹 쉬어야 해.
Nǐ děi hǎohāo xiūxi.

★ 어순에 맞게 배열하세요.

01. 想 / 我们 / 汉语 / 学

____

02. 参加 / 愿意 / 比赛 / 我们

____

★ 한어병음을 중국어로 바꿔 써보세요.

03. Wǒmen yào huànqián.

____

04. Xuésheng yīnggāi hǎohāo xuéxí.

____

★ 중국어를 우리말로 바꿔 써보세요.

05. 我会骑马。

____

06. 你可以走。

____

chapter 06

존재문이란 사람이나 사물의 존재나 소유를 나타내는 문장이에요. 존재문에 사용되는 대표적인 동사로는 '在, 有'가 있어요. 이 과에서는 [주어+在+장소], [주어+有+(수사+양사)+목적어] 패턴을 배워보도록 해요.

~에 있어요

我在学校。

나는 학교에 있어요.

동사 '在'는 '~에 있다'라는 뜻으로, 사람이나 사물이 '在' 뒤에 오는 장소에 존재함을 나타내요. 부정형은 '在' 앞에 '不'나 '没'를 붙여 표현하지만, '没'의 경우 사람과 같이 움직이는 대상의 존재를 부정할 때만 사용할 수 있으며, 미래 존재의 부정에는 반드시 '不'만 사용해야 해요.

주어 + 在 + 장소

我在学校。
Wǒ zài xuéxiào.

나는 학교에 있어요.

爸爸在公司。
Bàba zài gōngsī.

아빠는 회사에 계세요.

妈妈在家。
Māma zài jiā.

엄마는 집에 계세요.

书在桌子上。
Shū zài zhuōzi shàng.

책은 탁자 위에 있어요.

邮局在银行前边。
Yóujú zài yínháng qiánbian.

우체국은 은행 앞에 있어요.

 대화해 봐요!

A : 邮局在哪儿? 우체국은 어디에 있니?
Yóujú zài nǎr?

B : 邮局在银行前边。 우체국은 은행 앞에 있어.
Yóujú zài yínháng qiánbian.

我有男朋友。

나는 남자친구가 있어요.

동사 '有'는 '~이(가) 있다'라는 뜻으로, 소유나 존재를 나타내요. '~이(가) 없다'라는 뜻의
부정형은 '有' 앞에 '不'가 아닌 '没'를 사용해 '没有'라고 표현한다는 점에 주의하세요.

주어 + 有 + (수사 + 양사) + 목적어

我有男朋友。
Wǒ yǒu nánpéngyou.

나는 남자친구가 있어요.

我有一个梦想。
Wǒ yǒu yí ge mèngxiǎng.

나는 꿈이 하나 있어요.

我家有五口人。
Wǒ jiā yǒu wǔ kǒu rén.

우리 집은 다섯 식구예요.

我家里有一只小狗。
Wǒ jiā lǐ yǒu yì zhī xiǎogǒu.

우리 집은 강아지 한 마리가 있어요.

中国有少数民族。
Zhōngguó yǒu shǎoshù mínzú.

중국은 소수민족이 있어요.

 대화해 봐요!

A : 你家有几口人? 너희 가족은 몇 명이니?
Nǐ jiā yǒu jǐ kǒu rén?

B : 我家有五口人。 우리 가족은 5명이야.
Wǒ jiā yǒu wǔ kǒu rén.

★ 어순에 맞게 배열하세요.

01. 上 / 书 / 在 / 桌子

____

02. 个 / 一 / 我 / 有 / 梦想

____

★ 한어병음을 중국어로 바꿔 써보세요.

03. Bàba zài gōngsī.

____

04. Wǒ jiā lǐ yǒu yì zhī xiǎogǒu.

____

★ 중국어를 우리말로 바꿔 써보세요.

05. 邮局在银行前边。

____

06. 我有男朋友。

____

chapter 07

연동문이란 두 개 이상의 동사나 동사구가 동일한 주어의 술어 역할을 하는 문장이에요. 연동문에는 '去, 坐, 用, 有' 등의 동사가 주로 사용되며, 일의 선후관계나 목적, 수단 (방식), 용도 등을 나타내요. 이 과에서는 [주어+去+장소+동사2+(목적어)], [주어+坐 +교통수단+去+장소], [주어+用+A+동사2+(목적어)], [주어+有/没有+A+동사2+(목적 어)] 패턴을 배워보도록 해요.

~하러 …에 가요

我**去**图书馆**看**书。

나는 책을 보러 도서관에 가요.

동작의 선후관계나 목적을 나타내는 연동문에서 첫 번째 동사는 주로 '~에 가다'라는 뜻의 동사 '去'를 사용해요. '두 번째 동사가 나타내는 동작을 하러 ~에 가다'로 해석하면 돼요.

주어 + **去** + 장소 + 동사2 + (목적어)

我**去**图书馆**看**书。
Wǒ qù túshūguǎn kàn shū.

나는 책을 보러 도서관에 가요.

她**去**美容院**做**头发。
Tā qù měiróngyuàn zuò tóufa.

그녀는 머리를 하러 미용실에 가요.

我们**去**中国**学习**汉语。
Wǒmen qù Zhōngguó xuéxí Hànyǔ.

우리는 중국어를 배우러 중국에 가요.

他们**去**公园**玩儿**。
Tāmen qù gōngyuán wánr.

그들은 공원에 놀러 가요.

我老公**去**美国**出差**。
Wǒ lǎogōng qù Měiguó chūchāi.

우리 남편은 출장 차 미국에 가요.

 대화해 봐요!

A : 她去哪儿? 그녀는 어디에 가니?
Tā qù nǎr?

B : 她**去**美容院**做**头发。 그녀는 머리를 하러 미용실에 가.
Tā qù měiróngyuàn zuò tóufa.

我坐公共汽车去公司。

나는 버스를 타고 회사에 가요.

수단(방식)을 나타내는 연동문에서 첫 번째 동사로 '坐'가 쓰이면 두 번째 동사는 주로 '~에 가다'라는 뜻의 동사 '去'가 사용되며, '~을(를) 타고 ~에 가다'로 해석하면 돼요.

주어 + 坐 + 교통수단 + 去 + 장소

我坐公共汽车去公司。
Wǒ zuò gōnggòng qìchē qù gōngsī.

나는 버스를 타고 회사에 가요.

他坐船去济州岛。
Tā zuò chuán qù Jìzhōu Dǎo.

그는 배를 타고 제주도에 가요.

她坐出租车去机场。
Tā zuò chūzūchē qù jīchǎng.

그녀는 택시를 타고 공항에 가요.

我们坐火车去北京。
Wǒmen zuò huǒchē qù Běijīng.

우리는 기차를 타고 베이징에 가요.

他们坐飞机去日本。
Tāmen zuò fēijī qù Rìběn.

그들은 비행기를 타고 일본에 가요.

 대화해 봐요!

A : 他坐什么去济州岛? 그는 뭐를 타고 제주도에 가니?
Tā zuò shénme qù Jìzhōu Dǎo?

B : 他坐船去济州岛。 그는 배를 타고 제주도에 가.
Tā zuò chuán qù Jìzhōu Dǎo.

我用铅笔写信。

나는 연필로 편지를 써요.

수단(방식)을 나타내는 연동문의 첫 번째 동사에는 '坐' 말고도 '사용하다'라는 뜻을 가진 동사 '用'도 자주 쓰여요. '~을(를) 사용해서 ~하다'로 해석하면 돼요.

주어 + **用** + A + 동사2 + (목적어)

我用铅笔写信。
Wǒ yòng qiānbǐ xiě xìn.

나는 연필로 편지를 써요.

他用剪刀剪纸。
Tā yòng jiǎndāo jiǎn zhǐ.

그는 가위로 종이를 오려요.

她用鲜奶油做蛋糕。
Tā yòng xiānnǎiyóu zuò dàngāo.

그녀는 생크림으로 케이크를 만들어요.

他们用手机拍照。
Tāmen yòng shǒujī pāizhào.

그들은 휴대전화로 사진을 찍어요.

中国人用筷子吃饭。
Zhōngguórén yòng kuàizi chīfàn.

중국인은 젓가락으로 밥을 먹어요.

 대화해 봐요!

A : **中国人用什么吃饭?** 중국인들은 무엇으로 밥을 먹니?
Zhōngguórén yòng shénme chīfàn?

B : **中国人用筷子吃饭。** 중국인들은 젓가락으로 밥을 먹어.
Zhōngguórén yòng kuàizi chīfàn.

~할 A가 있어요 / 없어요

我有钱买房子。

나는 집을 살 돈이 있어요.

첫 번째 동사에 '有/没有'가 사용된 연동문에서 두 번째 동사는 그 용도를 나타내며, '~할 ~이(가) 있다/없다'로 해석하면 돼요.

주어 + **有/没有** + A + 동사2 + (목적어)

我有钱买房子。
Wǒ yǒu qián mǎi fángzi.

나는 집을 살 돈이 있어요.

我有时间见女朋友。
Wǒ yǒu shíjiān jiàn nǚpéngyou.

나는 여자친구 만날 시간이 있어요.

他有事做。
Tā yǒu shì zuò.

그는 할 일이 있어요.

她没有时间睡觉。
Tā méiyǒu shíjiān shuìjiào.

그녀는 잠잘 시간이 없어요.

家里没有东西吃。
Jiā lǐ méiyǒu dōngxi chī.

집에는 먹을 것이 없어요.

대화해 봐요!

A : **你有钱买房子吗?** 너는 집을 살 돈이 있니?
Nǐ yǒu qián mǎi fángzi ma?

B : **嗯, 我有钱买房子。** 응, 나는 집을 살 돈이 있어.
Ng, wǒ yǒu qián mǎi fángzi.

★ 어순에 맞게 배열하세요.

01. 去 / 做 / 美容院 / 头发 / 她

____

02. 公共汽车 / 公司 / 我 / 去 / 坐

____

★ 한어병음을 중국어로 바꿔 써보세요.

03. Tāmen yòng shǒujī pāizhào.

____

04. Wǒ yǒu shíjiān jiàn nǚpéngyou.

____

★ 중국어를 우리말로 바꿔 써보세요.

05. 我们坐火车去北京。

____

06. 我有钱买房子。

____

chapter 08

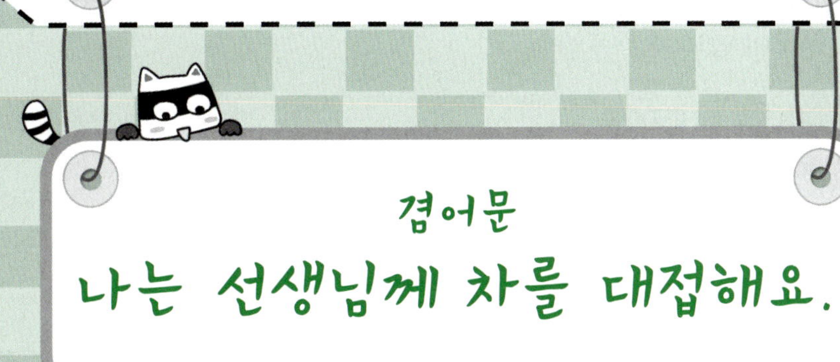

겸어문이란 한 문장 안에 두 개의 술어가 등장하는데, 첫 번째 동사의 목적어가 두 번째 동사의 주어 역할을 하는 문장으로, 하나의 단어가 목적어 겸 주어의 역할을 해요. 겸어문에 등장하는 대표적인 첫 번째 동사에는 '请, 让, 叫, 有' 등이 있어요. 이 과에서는 [주어+请/让/叫/有+겸어+동사2+목적어], [주어+不让+겸어+동사2+(목적어)] 패턴을 배워보도록 해요.

 035

我请老师喝茶。

나는 선생님께 차를 대접해요.

겸어문에서의 겸어란 동사1의 목적어와 동사2의 주어 역할을 겸하는 단어를 말해요. 겸어문에 자주 사용되는 첫 번째 동사에는 '请, 让, 叫, 有' 등이 있으며, 이 중에서 '请, 让, 叫'는 '~로 하여금 ~하게 하다'라고 해석되어 '사역동사'라고 불려요.

주어 + **请／让／叫／有** + 겸어 + 동사2 + 목적어

我请老师喝茶。
Wǒ qǐng lǎoshī hē chá.

나는 선생님께 차를 대접해요.

他请我吃饭。
Tā qǐng wǒ chīfàn.

그가 나에게 밥을 사요.

大夫让我吃药。
Dàifu ràng wǒ chī yào.

의사가 나에게 약을 먹으라고 해요.

老师叫我们做作业。
Lǎoshī jiào wǒmen zuò zuòyè.

선생님께서 우리에게 숙제를 내주세요.

楼下有人找你。
Lóu xià yǒu rén zhǎo nǐ.

아래층에 당신을 찾는 사람이 있어요.

 대화해 봐요!

A : **楼下有人找你。** 아래층에 너를 찾는 사람이 있어.
Lóu xià yǒu rén zhǎo nǐ.

B : **知道了。** 알겠어.
Zhīdao le.

~이(가) …하지 못하게 해요

老师不让学生说话。

선생님은 학생이 떠들지 못하게 해요.

겸어문의 부정형은 상황에 따라 첫 번째 동사 앞에 '不'나 '没(有)'를 붙여서 표현해요. 그 중에서도 '不让'은 '겸어로 하여금 ~하지 못하게 하다'라는 뜻으로 해석해요.

주어 + **不让** + 겸어 + 동사2 + (목적어)

老师不让学生说话。
Lǎoshī bú ràng xuésheng shuōhuà.

선생님은 학생이 떠들지 못하게 해요.

老师不让学生开小差。
Lǎoshī bú ràng xuésheng kāi xiǎochāi.

선생님은 학생이 한눈팔지 못하게 해요.

爸爸不让儿子喝酒。
Bàba bú ràng érzi hē jiǔ.

아빠는 아들이 술을 마시지 못하게 해요.

妈妈不让女儿参加晚会。
Māma bú ràng nǚ'ér cānjiā wǎnhuì.

엄마는 딸이 저녁 모임에 가지 못하게 해요.

他不让我进来。
Tā bú ràng wǒ jìnlái.

그는 나를 들어오지 못하게 해요.

 대화해 봐요!

A : 你怎么不进去呢? 너는 어째서 들어가지 않니?
　　Nǐ zěnme bú jìnqù ne?

B : **他不让我**进来。 그가 나를 들어오지 못하게 해.
　　Tā bú ràng wǒ jìnlái.

★ 어순에 맞게 배열하세요.

01. 让 / 药 / 大夫 / 我 / 吃

    ____

02. 老师 / 我们 / 作业 / 叫 / 做

    ____

★ 한어병음을 중국어로 바꿔 써보세요.

03. Wǒ qǐng lǎoshī hē chá.

    ____

04. Lóu xià yǒu rén zhǎo nǐ.

    ____

★ 중국어를 우리말로 바꿔 써보세요.

05. 爸爸不让儿子喝酒。

    ____

06. 他不让我进来。

    ____

chapter 09

중국어는 우리말과 달리 동사의 형태가 변하지 않아요. 그래서 동작의 완료, 경험, 진행
이나 상태의 지속 등을 나타내고 싶을 때는 동사 뒤에 동태조사(了, 着, 过)를 사용해요.
이 과에서는 동작의 완료를 나타내는 조사 '了'와 관련된 [주어+已经+동사+(목적어)+
了], [주어+동사+了+관형어+목적어] 패턴을 배워보도록 해요.

我已经吃饭了。

나는 이미 밥을 먹었어요.

어떤 동작이나 상황이 발생되었을 때, 중국어에서는 동사의 형태 변화 대신 동사 뒤에 동태 조사 '了'를 붙여서 표현해요. 동사 앞에 '이미, 벌써'라는 뜻의 부사 '已经'을 함께 사용하면 그 동작이나 상황이 진작에 발생되었음을 강조할 수 있어요. 단, 부사 '已经'은 문장 끝 어기 조사 '了'와 함께 쓰일 경우, 동사 뒤 동태조사 '了'는 주로 생략돼요.

주어 + 已经 + 동사 + (목적어) + 了

我已经吃饭了。 Wǒ yǐjīng chī fàn le.	나는 이미 밥을 먹었어요.
他已经回国了。 Tā yǐjīng huí guó le.	그는 이미 귀국했어요.
她已经结婚了。 Tā yǐjīng jiéhūn le.	그녀는 이미 결혼했어요.
他们已经离开韩国了。 Tāmen yǐjīng líkāi Hánguó le.	그들은 이미 한국을 떠났어요.
飞机已经起飞了。 Fēijī yǐjīng qǐfēi le.	비행기는 이미 이륙했어요.

 대화해 봐요!

A : 她结婚了吗? 그녀는 결혼했니?
　　Tā jiéhūn le ma?

B : 她已经结婚了。 그녀는 이미 결혼했어.
　　Tā yǐjīng jiéhūn le.

我吃了一碗米饭。

나는 밥 한 공기를 먹었어요.

동태조사 '了'가 사용된 문장에서의 목적어 앞에는 일반적으로 관형어가 붙는데, 관형어란 뒤에 오는 목적어를 수식, 한정해 주는 역할을 하는 것으로, 주로 '수사+양사', '(부사)+형용사+(的)', '명사+的'와 같은 형태로 쓰여요.

주어 + 동사 + 了 + 관형어 + 목적어

我吃了一碗米饭。
Wǒ chīle yì wǎn mǐfàn.

나는 밥 한 공기를 먹었어요.

他喝了两瓶啤酒。
Tā hēle liǎng píng píjiǔ.

그는 맥주 두 병을 마셨어요.

她买了很好看的衣服。
Tā mǎile hěn hǎokàn de yīfu.

그녀는 (매우) 예쁜 옷을 샀어요.

爸爸看了今天的报纸。
Bàba kànle jīntiān de bàozhǐ.

아빠는 오늘 자 신문을 보셨어요.

妈妈做了很多菜。
Māma zuòle hěn duō cài.

엄마는 (매우) 많은 음식을 만들었어요.

 대화해 봐요!

A : 他喝了几瓶啤酒? 그는 맥주 몇 병을 마셨니?
Tā hēle jǐ píng píjiǔ.

B : 他喝了两瓶啤酒。 그는 맥주 두 병을 마셨어.
Tā hēle liǎng píng píjiǔ.

★ 어순에 맞게 배열하세요.

01. 了 / 起飞 / 飞机 / 已经

____

02. 报纸 / 的 / 今天 / 了 / 看 / 爸爸

____

★ 한어병음을 중국어로 바꿔 써보세요.

03. Wǒ chīle yì wǎn mǐfàn.

____

04. Tā(그녀) mǎile hěn hǎokàn de yīfu.

____

★ 중국어를 우리말로 바꿔 써보세요.

05. 他喝了两瓶啤酒。

____

06. 妈妈做了很多菜。

____

chapter 10

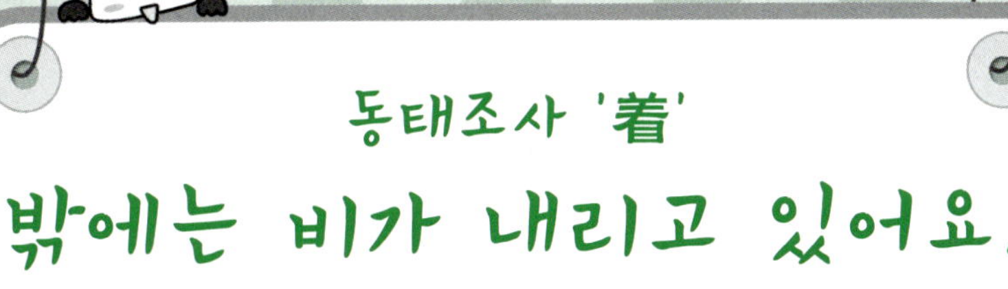

중국어는 우리말과 달리 동사의 형태가 변하지 않아요. 그래서 동작의 완료, 경험, 진행이나 상태의 지속 등을 나타내고 싶을 때는 동사 뒤에 동태조사(了, 着, 过)를 사용해요. 이 과에서는 동작의 진행이나 상태의 지속을 나타내는 동태조사 '着'와 관련된 [주어+동사+着+(목적어)+(呢)], [주어+没(有)+동사+着+(목적어)] 패턴을 배워보도록 해요.

外面下着雨(呢)。

밖에는 비가 내리고 있어요.

동태조사 '着'는 동사 뒤에 붙어서 동작의 진행이나 상태의 지속을 나타내요. 문장 끝에는 종종 어기조사 '呢'와 함께 쓰이며, '呢' 역시 동작의 진행이나 상태의 지속을 나타내기 때문에 동태조사 '着'나 어기조사 '呢' 중에 하나만 사용하는 것도 가능해요. 그 밖에도 부사 '在'를 동사 앞에 사용하여 동작의 진행을 나타낼 수 있어요.

주어 + 동사 + 着 + (목적어) + (呢)

外面下着雨(呢)。
Wàimiàn xiàzhe yǔ (ne).

밖에는 비가 내리고 있어요.

我等着你(呢)。
Wǒ děngzhe nǐ (ne).

나는 당신을 기다리고 있어요.

他在床上躺着(呢)。
Tā zài chuáng shàng tǎngzhe (ne).

그는 침대에 누워있어요.

她在写诗。
Tā zài xiě shī.

그녀는 시를 쓰고 있어요.

他们在画画儿。
Tāmen zài huà huàr.

그들은 그림을 그리고 있어요.

대화해 봐요!

A : 他干什么呢? 그는 무엇을 하고 있니?
Tā gàn shénme ne?

B : 他在床上躺着(呢)。 그는 침대에 누워있어.
Tā zài chuáng shàng tǎngzhe (ne).

外面没(有)下着雨。

밖에는 비가 내리고 있지 않아요.

동작의 진행이나 상태의 지속을 나타내는 문장의 부정형은 일반적으로 동사 앞에 부정부사 '没(有)'를 붙이고, '着'는 생략하지 않아요. 그 밖에도 '着'와 '呢'는 생략하고, '没(有)'를 부사 '在' 앞에 놓아도 동작의 진행을 부정할 수 있어요.

주어 + 没(有) + 동사 + 着 + (목적어)

外面没(有)下着雨。
Wàimiàn méi(yǒu) xiàzhe yǔ.

밖에는 비가 내리고 있지 않아요.

电视没(有)开着。
Diànshì méi(yǒu) kāizhe.

텔레비전은 켜져 있지 않아요.

我没(有)戴着眼镜。
Wǒ méi(yǒu) dàizhe yǎnjìng.

나는 안경을 쓰고 있지 않아요.

他没(有)在玩儿电脑游戏。
Tā méi(yǒu) zài wánr diànnǎo yóuxì.

그는 컴퓨터 게임을 하고 있지 않아요.

她没(有)在洗衣服。
Tā méi(yǒu) zài xǐ yīfu.

그녀는 빨래를 하고 있지 않아요.

대화해 봐요!

A : **外面下着雨吗?** 밖에 비가 내리고 있니?
Wàimiàn xiàzhe yǔ ma?

B : **外面没(有)下着雨。** 밖에 비가 내리고 있지 않아.
Wàimiàn méi(yǒu) xiàzhe yǔ.

CHAPTER 10

01。 下 / 雨 / 外面 / 着 / 呢

02。 在 / 画 / 他们 / 画儿

★ 한어병음을 중국어로 바꿔 써보세요.

03。 Wǒ děngzhe nǐ ne.

04。 Tā(그녀) zài xiě shī.

★ 중국어를 우리말로 바꿔 써보세요.

05。 我没有戴着眼镜。

06。 她没有在洗衣服。

chapter 11

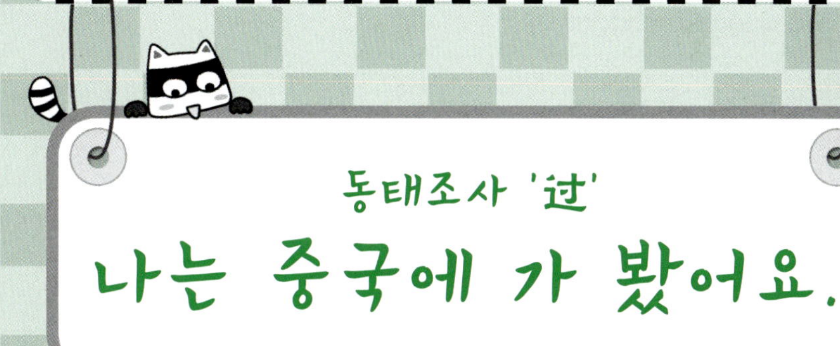

중국어는 우리말과 달리 동사의 형태가 변하지 않아요. 그래서 동작의 완료, 경험, 진행이나 상태의 지속 등을 나타내고 싶을 때는 동사 뒤에 동태조사(了, 着, 过)를 사용해요. 이 과에서는 경험을 나타내는 동태조사 '过'와 관련된 [주어+동사+过+목적어], [주어+没(有)+동사+过+목적어] 패턴을 배워보도록 해요.

~해 본 적이 있어요

我去过中国。

나는 중국에 가 봤어요.

동태조사 '过'는 동사 뒤에 붙어서 과거에 어떤 동작이 발생했거나 어떤 경험이 있었음을 나타내요.

주어 + 동사 + **过** + 목적어

我去过中国。 Wǒ qùguo Zhōngguó.	나는 중국에 가 봤어요.
我学过汉语。 Wǒ xuéguo Hànyǔ.	나는 중국어를 배운 적이 있어요.
他看过京剧。 Tā kànguo jīngjù.	그는 경극을 본 적이 있어요.
她听过中国音乐。 Tā tīngguo Zhōngguó yīnyuè.	그녀는 중국 음악을 들어본 적이 있어요.
他们吃过泡菜。 Tāmen chīguo pàocài.	그들은 김치를 먹어본 적이 있어요.

 대화해 봐요!

A : 你学过汉语吗? 너는 중국어를 배운 적이 있니?
Nǐ xuéguo Hànyǔ ma?

B : 我学过汉语。 나는 중국어를 배운 적이 있어.
Wǒ xuéguo Hànyǔ.

我没(有)去过中国。

나는 중국에 가 본 적이 없어요.

과거에 어떤 동작이 발생했거나 어떤 경험이 있었음을 나타내는 문장에서 부정형은 동사 앞에 부정부사 '没(有)'를 붙여 나타내며, 동태조사 '过'는 생략하지 않아요.

주어 + 没(有) + 동사 + 过 + 목적어

我没(有)去过中国。
Wǒ méi(yǒu) qùguo Zhōngguó.

나는 중국에 가 본 적이 없어요.

我没(有)喝过龙井茶。
Wǒ méi(yǒu) hēguo lóngjǐngchá.

나는 용정차를 마셔본 적이 없어요.

他没(有)谈过恋爱。
Tā méi(yǒu) tánguo liàn'ài.

그는 연애를 해본 적이 없어요.

她没(有)见过他们。
Tā méi(yǒu) jiànguo tāmen.

그녀는 그들을 만나본 적이 없어요.

他们没(有)看过这本书。
Tāmen méi(yǒu) kànguo zhè běn shū.

그들은 이 책을 본 적이 없어요.

대화해 봐요!

A : **他们看过这本书吗?** 그들은 이 책을 본 적이 있니?
Tāmen kànguo zhè běn shū ma?

B : **他们没(有)看过这本书。** 그들은 이 책을 본 적이 없어.
Tāmen méi(yǒu) kànguo zhè běn shū.

★ 어순에 맞게 배열하세요.

> **01.** 她 / 音乐 / 中国 / 过 / 听
>
> _______________________________________
>
> **02.** 没有 / 过 / 我 / 龙井茶 / 喝
>
> _______________________________________

★ 한어병음을 중국어로 바꿔 써보세요.

> **03.** Tā(그) kànguo jīngjù.
>
> _______________________________________
>
> **04.** Wǒ méiyǒu qùguo Zhōngguó.
>
> _______________________________________

★ 중국어를 우리말로 바꿔 써보세요.

> **05.** 他们吃过泡菜。
>
> _______________________________________
>
> **06.** 他没有谈过恋爱。
>
> _______________________________________

chapter 12

어기조사

당신은 중국인이죠?

어기조사는 문장 끝에 사용되어 말하는 사람의 심정을 나타내며, 보통 경성으로 읽어요.
이 과에서는 어기조사와 관련된 [A+吗/呢/吧] 패턴을 배워보도록 해요.

你是中国人吗?

당신은 중국인이에요?

중국어에서 의문문을 만드는 가장 일반적인 방법은 의문의 어기를 나타내는 조사 '吗'를 문장 끝에 붙여 표현하는 거예요.

A + 吗

你是中国人吗?
Nǐ shì Zhōngguórén ma?

당신은 중국인이에요?

你喜欢她吗?
Nǐ xǐhuan tā ma?

당신은 그녀를 좋아해요?

他在中国吗?
Tā zài Zhōngguó ma?

그는 중국에 있어요?

你们能帮我吗?
Nǐmen néng bāng wǒ ma?

당신들은 나를 도와줄 수 있어요?

他们会打太极拳吗?
Tāmen huì dǎ tàijíquán ma?

그들은 태극권을 할 줄 알아요?

대화해 봐요!

A : 他在中国吗? 그는 중국에 있니?
Tā zài Zhōngguó ma?

B : 嗯, 他在中国。응, 그는 중국에 있어.
Ng, tā zài Zhōngguó.

我们吃什么呢?

우리 뭐 먹을까요?

어기조사 '呢'는 의문대사가 있는 문장 끝에 사용되어 상대방과 함께할 행동 중 한 가지를 선택하기에 앞서 어떤 것이 좋은지 상대방의 의견을 물어볼 수 있어요. 그 밖에 명사나 대명사 뒤에 놓인 어기조사 '呢'는 명사나 대명사의 위치나 앞서 언급한 내용을 상대방에게 물을 때 사용해요.

A + 呢

我们吃什么呢?
Wǒmen chī shénme ne?

우리 뭐 먹을까요?

我们看什么电影呢?
Wǒmen kàn shénme diànyǐng ne?

우리 무슨 영화 볼까요?

我们去哪儿旅游呢?
Wǒmen qù nǎr lǚyóu ne?

우리 어디로 여행 갈까요?

我喜欢你, 你呢?
Wǒ xǐhuan nǐ, nǐ ne?

나는 당신을 좋아하는데, 당신은요?

我们去旅游, 你们呢?
Wǒmen qù lǚyóu, nǐmen ne?

우리는 여행을 가는데, 당신들은요?

 대화해 봐요!

A : 我们去哪儿旅游呢? 우리 어디로 여행 갈까?
Wǒmen qù nǎr lǚyóu ne?

B : 我们去巴厘岛吧。 우리 발리로 가자.
Wǒmen qù Bālí Dǎo ba.

我们一起去吧!

우리 같이 가자!

어기조사 '吧'는 문장 끝에 놓여 재촉이나 권고, 제안, 명령 등을 나타내요.

A + 吧

我们一起去吧!
Wǒmen yìqǐ qù ba!

우리 같이 가자!

我们坐火车去吧!
Wǒmen zuò huǒchē qù ba!

우리 기차 타고 가자!

你快点儿来吧!
Nǐ kuài diǎnr lái ba!

빨리 좀 오세요!

你慢点儿说吧!
Nǐ màn diǎnr shuō ba!

좀 천천히 말하세요!

你们进来吧!
Nǐmen jìnlái ba!

(당신들) 들어오세요!

 대화해 봐요!

A : 我们一起去吧! 우리 같이 가자!
　　Wǒmen yìqǐ qù ba!

B : 好的! 좋아!
　　Hǎo de!

 046

你是中国人吧?

당신은 중국인이죠?

어기조사 '吧'는 재촉이나 권고, 제안, 명령의 어기 말고도 추측이나 확인의 어기를 나타내기도 해요.

A + 吧

你是中国人吧?
Nǐ shì Zhōngguórén ba?

당신은 중국인이죠?

你想回家吧?
Nǐ xiǎng huí jiā ba?

당신은 집에 돌아가고 싶죠?

他很帅吧?
Tā hěn shuài ba?

그는 (매우) 잘생겼죠?

她有男朋友吧?
Tā yǒu nánpéngyou ba?

그녀는 남자친구가 있죠?

烤肉很好吃吧?
Kǎoròu hěn hǎochī ba?

불고기는 (매우) 맛있죠?

 대화해 봐요!

A : 你是中国人吧? 너는 중국인이지?
Nǐ shì Zhōngguórén ba?

B : 不是，我是韩国人。 아니, 나는 한국인이야.
Bú shì, wǒ shì Hánguórén.

83

CHAPTER 12

★ 어순에 맞게 배열하세요.

01. 是 / 你(주어) / 吗 / 中国人

　　_______________________________________

02. 去 / 我们 / 旅游 / 哪儿 / 呢

　　_______________________________________

★ 한어병음을 중국어로 바꿔 써보세요.

03. Wǒ xǐhuan nǐ, nǐ ne?

　　_______________________________________

04. Wǒmen zuò huǒchē qù ba!

　　_______________________________________

★ 중국어를 우리말로 바꿔 써보세요.

05. 你喜欢她吗?

　　_______________________________________

06. 他很帅吧?

　　_______________________________________

chapter 13

비교문이란 둘 이상의 사람이나 사물의 성질 혹은 정도를 비교하거나, 같음과 다름을 나타내는 문장이에요. 이 과에서는 '~보다'라는 뜻을 가진 전치사 '比'를 사용한 비교문 [A+比+B+형용사], [A+比+B+更+형용사], [A+比+B+형용사+一点儿], [A+不比+B+형용사] 패턴을 배워보도록 해요.

我比你高。

나는 당신보다 키가 커요.

전치사 '比'는 '~보다'라는 뜻이며, A는 비교주체, B는 비교대상이 되어 'A가 B보다 ~하다'라는 비교 표현을 나타낼 수 있어요.

A + 比 + B + 형용사

我比你高。
Wǒ bǐ nǐ gāo.

나는 당신보다 키가 커요.

他比我忙。
Tā bǐ wǒ máng.

그는 나보다 바빠요.

她比她男朋友大。
Tā bǐ tā nánpéngyou dà.

그녀는 남자친구보다 나이가 많아요.

姐姐比我善良。
Jiějie bǐ wǒ shànliáng.

언니는 나보다 착해요.

我妹妹比我漂亮。
Wǒ mèimei bǐ wǒ piàoliang.

내 여동생은 나보다 예뻐요.

 대화해 봐요!

A : **你比我高吗?** 너는 나보다 키가 크니?
　　Nǐ bǐ wǒ gāo ma?

B : **嗯, 我比你高。** 응, 나는 너보다 키가 커.
　　Ng, wǒ bǐ nǐ gāo.

我比你更高。

나는 당신보다 키가 훨씬 더 커요.

'A가 B보다 훨씬 더 ~하다'라는 뜻을 나타내고 싶을 때는 형용사 앞에 정도부사 '更'을 붙여 사용해요. 그 밖에 비교문에 사용할 수 있는 정도부사에는 '还, 还要'가 있으며, 형용사 뒤에 '多了, 得多'를 사용해서도 '훨씬'이라는 뜻을 나타낼 수 있어요. 이때 주의할 점은 일반적으로 강조의 뜻을 나타내는 '很, 太, 非常' 등의 정도부사는 비교문에서 사용할 수 없어요.

A + 比 + B + 更 + 형용사

我比你更高。
Wǒ bǐ nǐ gèng gāo.

나는 당신보다 키가 훨씬 더 커요.

她比我更胖。
Tā bǐ wǒ gèng pàng.

그녀는 나보다 훨씬 더 뚱뚱해요.

这个比那个更好吃。
Zhège bǐ nàge gèng hǎochī.

이것은 저것보다 훨씬 더 맛있어요.

那儿比这儿干净多了。
Nàr bǐ zhèr gānjìng duō le.

그곳은 여기보다 훨씬 더 깨끗해요.

城市比农村热闹得多。
Chéngshì bǐ nóngcūn rènao de duō.

도시는 농촌보다 훨씬 더 떠들썩해요.

 대화해 봐요!

A : 她胖吗? 그녀는 뚱뚱하니?
Tā pàng ma?

B : 她比我更胖。 그녀는 나보다 훨씬 더 뚱뚱해.
Tā bǐ wǒ gèng pàng.

我比你高一点儿。

나는 당신보다 키가 좀 더 커요.

'A가 B보다 좀 더 ~하다'라는 뜻을 나타내고 싶을 때는 형용사 뒤에 '조금, 약간'의 뜻을 나타내는 '一点儿, 一些'를 붙여 사용해요.

A + 比 + B + 형용사 + 一点儿

我比你高一点儿。
Wǒ bǐ nǐ gāo yìdiǎnr.
나는 당신보다 키가 좀 더 커요.

她比我活泼一点儿。
Tā bǐ wǒ huópo yìdiǎnr.
그녀는 나보다 좀 더 활발해요.

那儿比这儿近一点儿。
Nàr bǐ zhèr jìn yìdiǎnr.
그곳은 이곳보다 좀 더 가까워요.

这个比那个贵一些。
Zhège bǐ nàge guì yìxiē.
이것은 그것보다 좀 더 비싸요.

那个比这个便宜一些。
Nàge bǐ zhège piányi yìxiē.
그것은 이것보다 좀 더 저렴해요.

 대화해 봐요!

A : **她的性格怎么样?** 그녀의 성격은 어떠니?
Tā de xìnggé zěnmeyàng?

B : **她比我活泼一点儿。** 그녀는 나보다 좀 더 활발해.
Tā bǐ wǒ huópo yìdiǎnr.

我不比你高。

나는 당신보다 키가 크지 않아요.

'A가 B보다 ~하지 않다'라는 뜻의 부정형은 전치사 '比' 앞에 부정부사 '不'를 붙여 나타낼 수 있어요.

A + 不比 + B + 형용사

我不比你高。
Wǒ bù bǐ nǐ gāo.

나는 당신보다 키가 크지 않아요.

她不比我瘦。
Tā bù bǐ wǒ shòu.

그녀는 나보다 마르지 않았어요.

今天不比昨天冷。
Jīntiān bù bǐ zuótiān lěng.

오늘은 어제보다 춥지 않아요.

这儿不比那儿远。
Zhèr bù bǐ nàr yuǎn.

여기는 거기보다 멀지 않아요.

那儿不比这儿热。
Nàr bù bǐ zhèr rè.

그곳은 여기보다 덥지 않아요.

 대화해 봐요!

A : 那儿比这儿热吗? 그곳은 여기보다 덥니?
Nàr bǐ zhèr rè ma?

B : 那儿不比这儿热。 그곳은 여기보다 덥지 않아.
Nàr bù bǐ zhèr rè.

★ 어순에 맞게 배열하세요.

01. 比 / 更 / 这个 (주어) / 好吃 / 那个

____

02. 昨天 / 不 / 今天 (주어) / 冷 / 比

____

★ 한어병음을 중국어로 바꿔 써보세요.

03. Chéngshì bǐ nóngcūn rènao de duō.

____

04. Zhège bǐ nàge guì yìxiē.

____

★ 중국어를 우리말로 바꿔 써보세요.

05. 我妹妹比我漂亮。

____

06. 我比你高一点儿。

____

chapter 14

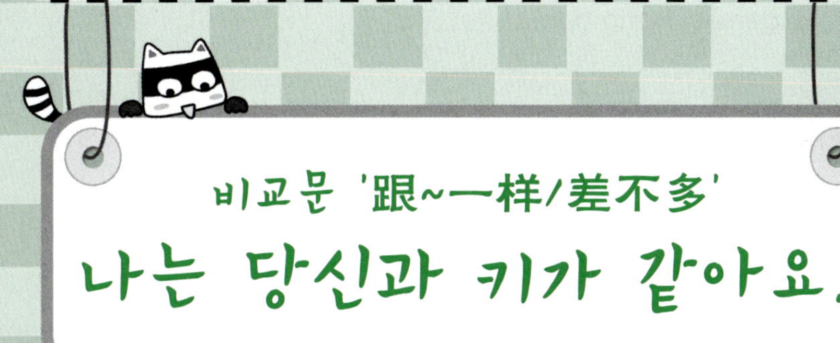

비교문이란 둘 이상의 사람이나 사물의 성질 혹은 정도를 비교하거나, 같음과 다름을 나타내는 문장이에요. 이 과에서는 전치사 '跟'을 사용해 '~와(과) 같다/비슷하다'라는 뜻을 가진 비교문 [A+跟+B+一样+(형용사)], [A+跟+B+差不多+(형용사)] 패턴을 배워보도록 해요.

我跟你一样高。

나는 당신과 키가 같아요.

'A가 B와 ~이(가) 같다, 똑같이 ~하다'라는 뜻의 비교 표현을 나타내려면 A와 B 사이에 전치사 '跟'을, 형용사 앞에 '~같다'라는 뜻의 '一样'을 붙이면 돼요. 부정형을 만들 때 부정부사 '不'는 '一样' 앞에 놓아요.

A + 跟 + B + 一样 + (형용사)

我跟你一样高。
Wǒ gēn nǐ yíyàng gāo.

나는 당신과 키가 같아요.

他跟我一样大。
Tā gēn wǒ yíyàng dà.

그는 나와 나이가 같아요.

这个跟那个一样贵。
Zhège gēn nàge yíyàng guì.

이것은 저것과 가격이 같아요.

那儿跟这儿一样冷。
Nàr gēn zhèr yíyàng lěng.

그곳은 이곳처럼 추워요.

我的跟你的一样。
Wǒ de gēn nǐ de yíyàng.

내 것은 당신 것과 같아요.

 대화해 봐요!

A : 这个比那个贵吗? 이것은 그것보다 비싸니?
Zhège bǐ nàge guì ma?

B : 这个跟那个一样贵。 이것은 그것과 가격이 같아.
Zhège gēn nàge yíyàng guì.

我跟你差不多高。

나는 당신과 키가 비슷해요.

'A가 B와 비슷하다, 비슷하게 ~하다'라는 뜻의 비교 표현을 나타내려면 A와 B 사이에 전치사 '跟'을, 형용사 앞에 '비슷하다'라는 뜻의 '差不多'를 붙이면 돼요.

A + 跟 + B + 差不多 + (형용사)

我跟你差不多高。
Wǒ gēn nǐ chàbuduō gāo.

나는 당신과 키가 비슷해요.

他跟我差不多快。
Tā gēn wǒ chàbuduō kuài.

그는 나와 비슷하게 빨라요.

她跟我差不多慢。
Tā gēn wǒ chàbuduō màn.

그녀는 나와 비슷하게 느려요.

这个跟那个差不多甜。
Zhège gēn nàge chàbuduō tián.

이것은 저것과 비슷하게 달아요.

他的跟我的差不多。
Tā de gēn wǒ de chàbuduō.

그의 것은 내 것과 비슷해요.

대화해 봐요!

A : 他的比你的好吗? 그의 것은 너 거보다 좋니?
　　Tā de bǐ nǐ de hǎo ma?

B : 他的跟我的差不多。 그의 것은 내 것과 비슷해.
　　Tā de gēn wǒ de chàbuduō.

★ 어순에 맞게 배열하세요.

01。 你 / 一样 / 高 / 我(주어) / 跟

____

02。 我 / 差不多 / 快 / 跟 / 他(주어)

____

★ 한어병음을 중국어로 바꿔 써보세요.

03。 Wǒ de gēn nǐ de yíyàng.

____

04。 Tā(그) de gēn wǒ de chàbuduō.

____

★ 중국어를 우리말로 바꿔 써보세요.

05。 那儿跟这儿一样冷。

____

06。 这个跟那个差不多甜。

____

chapter 15

비교문이란 둘 이상의 사람이나 사물의 성질 혹은 정도를 비교하거나, 같음과 다름을 나타내는 문장이에요. 이 과에서는 '~만큼'이라는 뜻을 가진 동사 '有'를 사용한 비교문 [A+有+B+형용사], [A+没(有)+B+형용사] 패턴을 배워보도록 해요.

我**有**你高。

나는 당신만큼 키가 커요.

'A가 B만큼 ~하다'라는 뜻의 비교 표현을 나타내려면 B 앞에 '~만큼'이라는 뜻의 '有'를 붙이면 돼요. 경우에 따라 형용사 앞에 '이렇게, 저(그)렇게'라는 뜻의 '这么, 那么'를 붙이기도 해요.

A + **有** + B + 형용사

我**有**你高。
Wǒ yǒu nǐ gāo.

나는 당신만큼 키가 커요.

他**有**你帅。
Tā yǒu nǐ shuài.

그는 당신만큼 잘생겼어요.

她**有**你善良。
Tā yǒu nǐ shànliáng.

그녀는 당신만큼 착해요.

他的性格**有**你好。
Tā de xìnggé yǒu nǐ hǎo.

그의 성격은 당신만큼 좋아요.

她的儿子**有**你聪明。
Tā de érzi yǒu nǐ cōngming.

그녀의 아들은 당신만큼 똑똑해요.

 대화해 봐요!

A : 她的儿子聪明吗? 그녀의 아들은 똑똑하니?
　　Tā de érzi cōngming ma?

B : 她的儿子**有**你聪明。 그녀의 아들은 너만큼 똑똑해.
　　Tā de érzi yǒu nǐ cōngming.

我没(有)你高。

나는 당신만큼 키가 크지 않아요.

'A가 B만큼 ~하지 않다'라는 뜻의 부정형은 B 앞에 '没(有)'를 붙이면 돼요. 부정형 역시 경우에 따라 형용사 앞에 '这么, 那么'를 붙이기도 해요.

A + 没(有) + B + 형용사

我没(有)你高。
Wǒ méi(yǒu) nǐ gāo.

나는 당신만큼 키가 크지 않아요.

他没(有)我瘦。
Tā méi(yǒu) wǒ shòu.

그는 나만큼 마르지 않았어요.

她没(有)我漂亮。
Tā méi(yǒu) wǒ piàoliang.

그녀는 나만큼 예쁘지 않아요.

那里没(有)这里这么安静。
Nàlǐ méi(yǒu) zhèlǐ zhème ānjìng.

거기는 여기만큼 이렇게 조용하지 않아요.

今天没(有)昨天那么热。
Jīntiān méi(yǒu) zuótiān nàme rè.

오늘은 어제만큼 그렇게 덥지 않아요.

 대화해 봐요!

A : 她漂亮吗? 그녀는 예쁘니?
　　Tā piàoliang ma?

B : 她没(有)我漂亮。 그녀는 나만큼 예쁘지 않아.
　　Tā méi(yǒu) wǒ piàoliang.

CHAPTER 15

★ 어순에 맞게 배열하세요.

01. 他(주어) / 帅 / 你 / 有

____

02. 没有 / 瘦 / 我 / 他(주어)

____

★ 한어병음을 중국어로 바꿔 써보세요.

03. Tā(그) de xìnggé yǒu nǐ hǎo.

____

04. Nàlǐ méiyǒu zhèlǐ zhème ānjìng.

____

★ 중국어를 우리말로 바꿔 써보세요.

05. 她有你善良。

____

06. 她没有我漂亮。

____

chapter 16

부사 '越来越'나 '好像'을 통해서도 비교형 패턴을 만들 수 있어요. 이 과에서는 '越来越, 好像'을 사용한 [주어+越来越+형용사+了], [주어+好像+A] 패턴을 배워보도록 해요.

你越来越漂亮了。

당신은 점점 예뻐지네요.

'점점'이라는 뜻의 부사 '越来越'는 동사 앞에 쓰여 시간이 지남에 따라 그 정도가 심화됨을 나타내고, 문장 끝에 사용된 어기조사 '了'는 상태 변화를 나타내요.

주어 + **越来越** + 형용사 + **了**

你越来越漂亮了。
Nǐ yuèláiyuè piàoliang le.
당신은 점점 예뻐지네요.

天气越来越热了。
Tiānqì yuèláiyuè rè le.
날씨가 점점 더워져요.

他的病越来越好了。
Tā de bìng yuèláiyuè hǎo le.
그의 병세가 점점 좋아져요.

经济越来越发展了。
Jīngjì yuèláiyuè fāzhǎn le.
경제가 점점 발전해요.

精神越来越清醒了。
Jīngshén yuèláiyuè qīngxǐng le.
정신이 점점 맑아져요.

 대화해 봐요!

A : **你越来越漂亮了。** 점점 예뻐지네.
Nǐ yuèláiyuè piàoliang le.

B : **谢谢!** 고마워!
Xièxie!

(마치) A 같아요

你**好像**我妈妈一样。

당신은 (마치) 우리 엄마 같아요.

'(마치) ~ 같다'라는 뜻의 부사 '好像'은 동사 앞에 쓰여 화자의 느낌이나 그다지 확실하지 않은 견해, 생각 등을 나타내요.

주어 + **好像** + A

你**好像**我妈妈一样。
Nǐ hǎoxiàng wǒ māma yíyàng.

당신은 (마치) 우리 엄마 같아요.

他**好像**有心事。
Tā hǎoxiàng yǒu xīnshì.

그는 걱정거리가 있는 것 같아요.

她**好像**生气了。
Tā hǎoxiàng shēngqì le.

그녀는 화가 난 것 같아요.

这**好像**是真的。
Zhè hǎoxiàng shì zhēn de.

이것은 진짜인 것 같아요.

电脑**好像**有问题。
Diànnǎo hǎoxiàng yǒu wèntí.

컴퓨터가 고장난 것 같아요.

대화해 봐요!

A : 这是真的还是假的? 이것은 진짜니, 아니면 가짜니?
Zhè shì zhēn de háishi jiǎ de?

B : 这**好像**是真的。 이것은 진짜인 것 같아.
Zhè hǎoxiàng shì zhēn de.

★ 어순에 맞게 배열하세요.

01． 越来越 / 你 / 了 / 漂亮

____

02． 有 / 好像 / 他 / 心事

____

★ 한어병음을 중국어로 바꿔 써보세요.

03． Tā(그) de bìng yuèláiyuè hǎo le.

____

04． Tā(그녀) hǎoxiàng shēngqì le.

____

★ 중국어를 우리말로 바꿔 써보세요.

05． 经济越来越发展了。

____

06． 电脑好像有问题。

____

chapter 17

수량보어는 어떤 동작이 이루어지거나 지속된 시간을 나타내는 시량보어와 동작이나 행위가 반복된 횟수를 나타내는 동량보어로 나눌 수 있어요. 수량보어는 동사 뒤에 위치하며, 목적어는 대명사인지 일반목적어인지 등에 따라 그 위치가 달라져요. 이 과에서는 [주어+동사+了+시량보어], [주어+동사+了/过+동량보어] 패턴을 배워보도록 해요.

 057

我等了你半天。

나는 당신을 한참 동안 기다렸어요.

어떤 동작이 이루어지는 데 얼마간의 시간이 걸렸는지 말하고 싶을 때, 그 시간을 나타내는 시량보어는 동사 뒤에 위치해요. 이때 주의할 점은 목적어의 위치인데, 대명사 목적어의 경우 는 시량보어 앞에, 일반목적어는 시량보어 뒤에 놓이며 이때 '的'는 생략할 수 있어요.

주어 + 동사 + 了 + 시량보어

我等了你半天。
Wǒ děngle nǐ bàntiān.

나는 당신을 한참 동안 기다렸어요.

他休息了一会儿。
Tā xiūxi le yíhuìr.

그는 잠깐 쉬었어요.

她看了三个小时(的)电视。
Tā kànle sān ge xiǎoshí (de) diànshì.

그녀는 텔레비전을 세 시간 동안 봤어요.

我们学了两年(的)汉语。
Wǒmen xuéle liǎng nián (de) Hànyǔ.

우리는 중국어를 2년 동안 배웠어요.

妈妈找了我一个小时。
Māma zhǎole wǒ yí ge xiǎoshí.

엄마는 나를 한 시간 동안 찾았어요.

 대화해 봐요!

A : 你们学了多久(的)汉语? 너희는 중국어를 얼마나 배웠니?
Nǐmen xuéle duō jiǔ (de) Hànyǔ.

B : 我们学了两年(的)汉语。 우리는 중국어를 2년 동안 배웠어.
Wǒmen xuéle liǎng nián (de) Hànyǔ.

我去过三次中国。

나는 중국에 세 번 가 봤어요.

어떤 동작이나 행위가 몇 번 이루어졌는지 말하고 싶을 때, 그 횟수을 나타내는 동량보어는 동사 뒤에 위치해요. 이때도 주의할 점은 목적어의 위치인데, 대명사 목적어의 경우는 시량보어 앞에, 일반목적어는 시량보어 뒤에 놓이며, 사람이나 장소가 목적어로 올 경우는 동량보어 앞, 뒤에 모두 사용할 수 있어요.

주어 + 동사 + 了/过 + 동량보어

我去过三次中国。
Wǒ qùguo sān cì Zhōngguó.

나는 중국에 세 번 가 봤어요.

我和他商量过两次。
Wǒ hé tā shāngliangguo liǎng cì.

나는 그와 두 번 상의한 적이 있어요.

他见了她两次。
Tā jiànle tā liǎng cì.

그는 그녀를 두 번 만났어요.

她坐过五次飞机。
Tā zuòguo wǔ cì fēijī.

그녀는 비행기를 다섯 번 타 봤어요.

他们吃过一次泡菜。
Tāmen chīguo yí cì pàocài.

그들은 김치를 한 번 먹어봤어요.

대화해 봐요!

A : **她坐过飞机吗?** 그녀는 비행기를 타 봤니?
Tā zuòguo fēijī ma?

B : **她坐过五次飞机。** 그녀는 비행기를 다섯 번 타 봤어.
Tā zuòguo wǔ cì fēijī.

CHAPTER 17

★ 어순에 맞게 배열하세요.

01. 休息 / 他 / 了 / 一会儿

____

02. 飞机 / 过 / 五 / 坐 / 次 / 她

____

★ 한어병음을 중국어로 바꿔 써보세요.

03. Tā(그녀) kànle sān ge xiǎoshí de diànshì.

____

04. Wǒ hé tā(그) shāngliangguo liǎng cì.

____

★ 중국어를 우리말로 바꿔 써보세요.

05. 我去过三次中国。

____

06. 他见了她两次。

____

chapter 18

정도보어는 술어 뒤에 놓여 동작이나 상태가 도달한 정도를 설명하거나 묘사하는 성분으로 술어와 보어 사이에는 구조조사 '得'가 쓰여요. 이 과에서는 [주어+술어+得+정도보어], [주어+술어+得+不+정도보어] 패턴을 배워보도록 해요.

我(说)汉语说得很流利。

나는 중국어를 (매우) 잘해요.

동작이나 상태가 도달한 정도를 나타내고 싶을 때는 술어 뒤에 정도보어를 사용해서 나타낼 수 있어요. 이때 술어와 정도보어 사이에는 구조조사 '得'가 와야 하며, 목적어가 있을 경우는 동사를 반복해서 사용하되, 첫 번째 동사는 생략이 가능해요.

주어 + 술어 + **得** + 정도보어

我(说)汉语说**得很流利**。
Wǒ (shuō) Hànyǔ shuō de hěn liúlì.

나는 중국어를 (매우) 잘해요.

他(写)汉字写**得很好**。
Tā (xiě) Hànzì xiě de hěn hǎo.

그는 한자를 (매우) 잘 써요.

她(做)菜做**得很好**。
Tā (zuò) cài zuò de hěn hǎo.

그녀는 요리를 (매우) 잘해요.

我们睡**得很香**。
Wǒmen shuì de hěn xiāng.

우리는 (매우) 잘 잤어요.

老师讲**得很清楚**。
Lǎoshī jiǎng de hěn qīngchu.

선생님은 강의를 (매우) 잘하세요.

 대화해 봐요!

A : 她(做)菜做得怎么样? 그녀는 요리를 잘하니?
　　Tā (zuò) cài zuò de zěnmeyàng?

B : 她(做)菜做**得很好**。 그녀는 요리를 (매우) 잘해.
　　Tā (zuò) cài zuò de hěn hǎo.

060

我(说)汉语说得不好。

나는 중국어를 잘 못해요.

정도보어의 부정형은 술어 앞이 아닌 정도보어 앞에 부정부사 '不'를 붙여서 나타낸다는 점에 주의하세요.

주어 + 술어 + **得** + **不** + 정도보어

我(说)汉语说**得不好**。
Wǒ (shuō) Hànyǔ shuō de bù hǎo.

나는 중국어를 잘 못해요.

他(穿)衣服穿**得不多**。
Tā (chuān) yīfu chuān de bù duō.

그는 옷을 얇게 입었어요.

她唱**得不好听**。
Tā chàng de bù hǎotīng.

그녀는 노래를 잘 못 불러요.

妹妹吃**得不饱**。
Mèimei chī de bù bǎo.

여동생은 배불리 먹지 않았어요.

弟弟跑**得不快**。
Dìdi pǎo de bú kuài.

남동생은 달리는 것이 빠르지 않아요.

대화해 봐요!

A : 你(说)汉语说得怎么样? 너는 중국어를 잘하니?
Nǐ (shuō) Hànyǔ shuō de zěnmeyàng?

B : 我(说)汉语说**得不好**。 나는 중국어를 잘 못해.
Wǒ (shuō) Hànyǔ shuō de bù hǎo.

CHAPTER 18

★ 어순에 맞게 배열하세요.

01。 很 / 讲 / 老师 / 清楚 / 得

____

02。 不 / 她 / 唱 / 得 / 好听

____

★ 한어병음을 중국어로 바꿔 써보세요.

03。 Wǒ shuō Hànyǔ shuō de hěn liúlì.

____

04。 Tā(그) chuān yīfu chuān de bù duō.

____

★ 중국어를 우리말로 바꿔 써보세요.

05。 我们睡得很香。

____

06。 妹妹吃得不饱。

____

chapter 19

결과보어는 동사 바로 뒤에 쓰여 그 동작의 진행 결과가 어떠한지를 보충 설명하는 성분을 말해요. 이 과에서는 [주어+동사+결과보어+了], [주어+没(有)+동사+결과보어] 패턴을 배워보도록 해요.

我休息好了。

나는 푹 쉬었어요.

동사는 주어가 어떤 동작을 하는지만 나타낸다면 결과보어는 주어가 그 동작을 행한 결과가 어떠한지를 나타내주는 성분이에요. 결과보어가 사용된 문장에서 동태조사 '了'는 결과보어 뒤에 위치하며 목적어는 수식이나 한정하는 성분의 유무에 따라 위치가 달라져요.

주어 + 동사 + 결과보어 + 了

我休息好了。
Wǒ xiūxi hǎo le.

나는 푹 쉬었어요.

你打错电话了。
Nǐ dǎcuò diànhuà le.

전화 잘못 걸었어요.

他听懂了老师的话。
Tā tīngdǒng le lǎoshī de huà.

그는 선생님 말씀을 알아들었어요.

她看完了这本书。
Tā kànwán le zhè běn shū.

그녀는 이 책을 다 봤어요.

妈妈做完饭了。
Māma zuòwán fàn le.

엄마는 밥을 다 했어요.

대화해 봐요!

A : **喂，玲玲在吗?** 여보세요, 링링이 있어요?
　　Wèi, Línglíng zài ma?

B : **你打错电话了。** 전화 잘못 걸었어요.
　　Nǐ dǎcuò diànhuà le.

我没(有)休息好。

나는 푹 쉬지 못했어요.

결과보어가 사용된 문장의 부정형은 동사 앞에 '没(有)'를 붙여 나타내요. 이때 동작의 완료를 나타내는 어기조사 '了'는 반드시 생략해야 해요.

주어 + **没(有)** + 동사 + 결과보어

我没(有)休息好。 Wǒ méi(yǒu) xiūxi hǎo.	나는 푹 쉬지 못했어요.
他没(有)吃饱早饭。 Tā méi(yǒu) chībǎo zǎofàn.	그는 아침밥을 배불리 먹지 못했어요.
她没(有)找到她的眼镜。 Tā méi(yǒu) zhǎodào tā de yǎnjìng.	그녀는 그녀의 안경을 찾지 못했어요.
爸爸没(有)回到家。 Bàba méi(yǒu) huídào jiā.	아빠는 집에 돌아오시지 않았어요.
同学们没(有)听清楚。 Tóngxuémen méi(yǒu) tīng qīngchu.	학생(학우)들은 잘 듣지 못했어요.

 대화해 봐요!

A : 你休息好了吗? 푹 쉬었니?
　　Nǐ xiūxi hǎo le ma?

B : 我没(有)休息好。 나는 푹 쉬지 못했어.
　　Wǒ méi(yǒu) xiūxi hǎo.

CHAPTER 19

★ 어순에 맞게 배열하세요.

01。 错 / 你 / 打 / 电话 / 了

____

02。 他 / 饱 / 没有 / 吃 / 早饭

____

★ 한어병음을 중국어로 바꿔 써보세요.

03。 Tā(그) tīngdǒng le lǎoshī de huà.

____

04。 Tóngxuémen méiyǒu tīng qīngchu.

____

★ 중국어를 우리말로 바꿔 써보세요.

05。 她看完了这本书。

____

06。 爸爸没有回到家。

____

chapter 20

방향보어는 '来'나 '去'와 같은 방향 관련 단어가 동사 뒤에 쓰여 사람이나 사물이 이동하는 방향을 나타내는 역할을 해요. 이 과에서는 [주어+동사+来/去+了], [주어+동사+(방향동사)+来/去+了], [주어+没(有)+동사+(방향동사)+来/去] 패턴을 배워보도록 해요.

我上来了。

나는 올라왔어요.

방향보어는 동사 뒤에 놓여 주어의 이동 방향을 나타내는 역할을 하는데, 이처럼 동사 바로 뒤에 오는 '来'나 '去'를 단순방향보어라고 해요. 여기에서는 [주어+동사+단순방향보어(来/去)+了] 패턴을 연습해 보도록 해요.

주어 + 동사 + **来/去** + **了**

我上来了。
Wǒ shànglái le.

나는 올라왔어요.

他进来了。
Tā jìnlái le.

그는 들어왔어요.

她回去了。
Tā huíqù le.

그녀는 돌아갔어요.

我们出去了。
Wǒmen chūqù le.

우리는 나갔어요.

他们带来了。
Tāmen dàilái le.

그들은 가지고 왔어요.

 대화해 봐요!

A : **她回去了**吗? 그녀는 돌아갔니?
　　 Tā huíqù le ma?

B : **她回去了**。 그녀는 돌아갔어.
　　 Tā huíqù le.

我跑上来了。

나는 뛰어 올라왔어요.

'上/下/进/出/回/过/起'와 같은 방향동사가 '来'나 '去'와 결합되어 동사 뒤에 놓이면 이를 복합방향보어라고 해요. 여기에서는 [주어+동사+복합방향보어(방향동사+来/去)+了] 패턴을 연습해 보도록 해요.

주어 + 동사 + 방향동사 + 来/去 + 了

我跑**上来了**。 Wǒ pǎo shànglái le.	나는 뛰어 올라왔어요.
他站**起来了**。 Tā zhàn qǐlái le.	그는 일어났어요.
她买**回来了**。 Tā mǎi huílái le.	그녀는 사갖고 돌아왔어요.
我们走**出来了**。 Wǒmen zǒu chūlái le.	우리는 걸어서 나왔어요.
他们爬**上去了**。 Tāmen pá shàngqù le.	그들은 기어 올라갔어요.

 대화해 봐요!

A : 她买**回来了**吗? 그녀는 사갖고 돌아왔니?
　　 Tā mǎi huílái le ma?

B : 她买**回来了**。 그녀는 사갖고 돌아왔어.
　　 Tā mǎi huílái le.

~왔어요 / 갔어요

我进教室里来了。

나는 교실로 들어왔어요.

방향보어가 사용된 문장에서 목적어가 있을 경우, 목적어의 위치는 그 목적어가 일반목적어인지 장소목적어인지에 따라 결정돼요. 일반목적어의 경우 '来'나 '去' 앞, 뒤에 모두 올 수 있는 반면 장소목적어의 경우는 반드시 '来'나 '去' 앞에만 올 수 있어요.

주어 + 동사 + (방향동사) + 来/去 + 了

我进教室里来了。
Wǒ jìn jiàoshì lǐ lái le.

나는 교실로 들어왔어요.

他买来书了。
Tā mǎilái shū le.

그는 책을 사왔어요.

她带伞来了。
Tā dài sǎn lái le.

그녀는 우산을 가지고 왔어요.

他们跑下山去了。
Tāmen pǎoxià shān qù le.

그들은 뛰어서 산을 내려갔어요.

老师下楼去了。
Lǎoshī xià lóu qù le.

선생님은 내려가셨어요.

 대화해 봐요!

A : **老师呢?** 선생님은 (어디 계시니)?
Lǎoshī ne?

B : **老师下楼去了。** 선생님은 내려가셨어.
Lǎoshī xià lóu qù le.

我没(有)走过去。

나는 걸어서 지나가지 않았어요.

방향보어가 사용된 문장의 부정형은 동사 앞에 '没(有)'를 써서 나타내며, 이때 동작의 완료를 나타내는 조사 '了'는 생략돼요.

주어 + 没(有) + 동사 + (방향동사) + 来/去

我没(有)走过去。
Wǒ méi(yǒu) zǒu guòqù.
나는 걸어서 지나가지 않았어요.

他没(有)回宿舍去。
Tā méi(yǒu) huí sùshè qù.
그는 기숙사로 돌아가지 않았어요.

她没(有)取出钱来。
Tā méi(yǒu) qǔchū qián lái.
그녀는 돈을 인출하지 않았어요.

我们没(有)出去。
Wǒmen méi(yǒu) chūqù.
우리는 나가지 않았어요.

他们没(有)带照相机去。
Tāmen méi(yǒu) dài zhàoxiàngjī qù.
그들은 사진기를 가지고 가지 않았어요.

 대화해 봐요!

A : 他回宿舍去了吗? 그는 기숙사로 돌아갔니?
Tā huí sùshè qù le ma?

B : 他没(有)回宿舍去。 그는 기숙사로 돌아가지 않았어.
Tā méi(yǒu) huí sùshè qù.

★ 어순에 맞게 배열하세요.

01。 上来 / 我 / 了 / 跑

____

02。 跑 / 下 / 去 / 山 / 了 / 他们

____

★ 한어병음을 중국어로 바꿔 써보세요.

03。 Tāmen pá shàngqù le.

____

04。 Wǒ méiyǒu zǒu guòqù.

____

★ 중국어를 우리말로 바꿔 써보세요.

05。 他站起来了。

____

06。 他们没有带照相机去。

____

chapter 21

가능보어는 동사 뒤에 오는 결과보어나 방향보어 등을 활용하여 동작의 실현 가능성 여부를 나타내는 성분으로 동사와 결과보어 혹은 방향보어 사이에 구조조사 '得'가 있으면 가능함을, '不'가 있으면 불가능함을 나타낸다. 이 과에서는 [주어+동사+得+결과/방향보어+(목적어)], [주어+동사+不+결과/방향보어+(목적어)] 패턴을 배워보도록 해요.

~할 수 있어요

我吃得完。

나는 다 먹을 수 있어요.

동작의 실현 가능성을 나타내는 방법에는 동사 앞에 조동사 '能'을 사용하는 방법 이외에도 가능보어를 사용해서 나타낼 수 있어요. 가능보어는 동사와 결과보어 혹은 방향보어 사이에 구조조사 '得'를 사용해 그 동작의 실현 가능성을 나타내요.

주어 + 동사 + 得 + 결과/방향보어 + (목적어)

我吃得完。
Wǒ chī de wán.

나는 다 먹을 수 있어요.

他看得懂这本小说。
Tā kàn de dǒng zhè běn xiǎoshuō.

그는 이 소설을 읽고 이해할 수 있어요.

她洗得干净这件衣服。
Tā xǐ de gānjìng zhè jiàn yīfu.

그녀는 이 옷을 깨끗이 빨 수 있어요.

我们回得来。
Wǒmen huí de lái.

우리는 돌아올 수 있어요.

他们听得懂广东话。
Tāmen tīng de dǒng Guǎngdōnghuà.

그들은 광동어를 알아들을 수 있어요.

 대화해 봐요!

A : **你们回得来吗?** 너희들은 돌아올 수 있니?
Nǐmen huí de lái ma?

B : **嗯,我们回得来。** 응, 우리는 돌아올 수 있어.
Ng, wǒmen huí de lái.

我吃不完。

나는 다 먹을 수 없어요.

구조조사 '得' 대신 '不'가 함께 쓰이면 그 동작이 실현 불가능함을 나타내요.

주어 + 동사 + **不** + 결과/방향보어 + (목적어)

我吃不完。 Wǒ chī bu wán.	나는 다 먹을 수 없어요.
他听不懂汉语。 Tā tīng bu dǒng Hànyǔ.	그는 중국어를 알아들을 수 없어요.
她爬不上那座山。 Tā pá bu shàng nà zuò shān.	그녀는 저 산에 오를 수 없어요.
我们看不见。 Wǒmen kàn bu jiàn.	우리는 볼 수 없어요.
他们买不起房子。 Tāmen mǎi bu qǐ fángzi.	그들은 (돈이 없어서) 집을 살 수 없어요.

 대화해 봐요!

A : 他听得懂汉语吗? 그는 중국어를 알아들을 수 있니?
Tā tīng de dǒng Hànyǔ ma?

B : 他听不懂汉语。 그는 중국어를 못 알아들어.
Tā tīng bu dǒng Hànyǔ.

CHAPTER 21

★ 어순에 맞게 배열하세요.

01. 他们 / 懂 / 听 / 得 / 广东话

____

02. 见 / 不 / 看 / 我们

____

★ 한어병음을 중국어로 바꿔 써보세요.

03. Tā(그) kàn de dǒng zhè běn xiǎoshuō.

____

04. Tā(그녀) pá bu shàng nà zuò shān.

____

★ 중국어를 우리말로 바꿔 써보세요.

05. 我们回得来。

____

06. 他听不懂汉语。

____

chapter 22

전치사 '把'는 '~을(를)'로 해석되어 목적어의 위치를 동사 앞으로 도치시키는 역할을 해주며, '把'가 쓰인 문장은 주어가 그 목적어를 어떻게 처리했는지, 주어가 어떤 사물이나 사람에 대해 어떠한 조치를 취했는지 그 결과까지 나타내줘야 해요. 이 과에서는 [주어+把+목적어+동사+기타 성분], [주어+没(有)+把+목적어+동사+기타 성분] 패턴을 배워보도록 해요.

我把门关上了。

나는 문을 닫았어요.

'把'자문에서 '把' 뒤에 놓이는 목적어는 말하는 사람과 듣는 사람이 모두 알고 있는 구체적인 대상이어야 하며, 동사 뒤에는 항상 처치한 결과나 미친 영향을 설명하는 성분이 와야 해요.

주어 + **把** + 목적어 + 동사 + 기타 성분

我把门关上了。 Wǒ bǎ mén guānshàng le.	나는 문을 닫았어요.
我把韩币换成人民币了。 Wǒ bǎ hánbì huànchéng rénmínbì le.	나는 한국돈을 중국돈으로 환전했어요.
他把这杯咖啡喝完了。 Tā bǎ zhè bēi kāfēi hēwán le.	그는 이 커피를 다 마셨어요.
她把自己的车停在门口了。 Tā bǎ zìjǐ de chē tíng zài ménkǒu le.	그녀는 자기 차를 입구에 세워놓았어요.
同学们把作业做好了。 Tóngxuémen bǎ zuòyè zuòhǎo le.	학생(학우)들은 숙제를 다 했어요.

 대화해 봐요!

A : 你换钱了吗? 너 환전했니?
　　Nǐ huànqián le ma?

B : 嗯, 我把韩币换成人民币了。 응, 나는 한국돈을 중국돈으로 환전했어.
　　Ng, wǒ bǎ hánbì huànchéng rénmínbì le.

~을 …하지 않았어요 / 못했어요

我没(有)把门关上。

나는 문을 닫지 않았어요.

'把'자문의 부정형은 전치사 '把' 앞에 '没(有)'를 써서 나타내며, 이때 조사 '了'는 반드시 생략해야 돼요.

주어 + 没(有) + 把 + 목적어 + 동사 + 기타 성분

我没(有)把门关上。
Wǒ méi(yǒu) bǎ mén guānshàng.
나는 문을 닫지 않았어요.

我没(有)把她介绍给他。
Wǒ méi(yǒu) bǎ tā jièshào gěi tā.
나는 그녀를 그에게 소개하지 않았어요.

他没(有)把话说完。
Tā méi(yǒu) bǎ huà shuōwán.
그는 말을 다 끝내지 못했어요.

她没(有)把雨伞带来。
Tā méi(yǒu) bǎ yǔsǎn dàilái.
그녀는 우산을 가지고 오지 않았어요.

他们没(有)把窗户关上。
Tāmen méi(yǒu) bǎ chuānghu guānshàng.
그들은 창문을 닫지 않았어요.

대화해 봐요!

A : 她没(有)把雨伞带来。 그녀는 우산을 가지고 오지 않았어.
Tā méi(yǒu) bǎ yǔsǎn dàilái.

B : 没关系，下午雨会停的。 괜찮아, 오후에 비가 그칠 거야.
Méi guānxi, xiàwǔ yǔ huì tíng de.

127

CHAPTER 22

★ 어순에 맞게 배열하세요.

01. 我 / 关 / 上 / 把 / 门 / 了

____

02. 他 / 话 / 没有 / 把 / 说 / 完

____

★ 한어병음을 중국어로 바꿔 써보세요.

03. Wǒ bǎ hánbì huànchéng rénmínbì le.

____

04. Tāmen méiyǒu bǎ chuānghu guānshàng.

____

★ 중국어를 우리말로 바꿔 써보세요.

05. 他把这杯咖啡喝完了。

____

06. 她没有把雨伞带来。

____

chapter 23

피동문이란 주어가 어떤 동작의 영향을 받아 어떠한 결과가 발생했음을 나타내며, 대부분이 주어의 의지와 상관없이 어떤 일이 발생했거나 피해를 입었음을 나타내요. 이때 행위의 주체는 전치사 '被' 뒤에 위치해요. 이 과에서는 [주어+被+A+동사+기타 성분], [주어+叫/让/给+A+동사+기타 성분] 패턴을 배워보도록 해요.

A에게(한테) ~을 당했어요

我被老师批评了。

나는 선생님께 혼났어요.

피동문에서 전치사 '被' 뒤에 놓인 A는 주어에게 어떤 영향을 미치는 행위의 주체로 생략이 가능해요. 피동문의 부정형은 전치사 '被' 앞에 '没(有)'를 써서 나타내며, 이때 조사 '了'는 쓸 수 없어요.

주어 + **被** + A + 동사 + 기타 성분

我被老师批评了。
Wǒ bèi lǎoshī pīpíng le.
나는 선생님께 혼났어요.

他被朋友骗了。
Tā bèi péngyou piàn le.
그는 친구한테 속았어요.

他被女朋友甩了。
Tā bèi nǚpéngyou shuǎi le.
그는 여자친구한테 차였어요.

她被公司炒鱿鱼了。
Tā bèi gōngsī chǎo yóuyú le.
그녀는 회사에서 해고 당했어요.

那件事被他们发现了。
Nà jiàn shì bèi tāmen fāxiàn le.
그 일은 그들에 의해 알려졌어요.

 대화해 봐요!

A : 他们俩分手了吗? 그들 둘은 헤어졌니?
　　Tāmen liǎ fēnshǒu le ma?

B : 嗯，他被女朋友甩了。 응. 그는 여자친구한테 차였어.
　　Ng, tā bèi nǚpéngyou shuǎi le.

我的手机叫小偷儿偷了。

내 휴대전화를 도둑 맞았어요.

전치사 '被' 이외에 피동을 나타내는 전치사로는 '叫, 让, 给'가 있는데, '被'는 일반적으로 문어체에 쓰이고, '叫, 让, 给'는 구어체에서 주로 쓰여요.

주어 + **叫/让/给** + A + 동사 + 기타 성분

我的手机**叫**小偷儿偷**了**。 Wǒ de shǒujī jiào xiǎotōur tōu le.	내 휴대전화를 도둑 맞았어요.
我**叫**小狗咬**了**。 Wǒ jiào xiǎogǒu yǎo le.	나는 강아지한테 물렸어요.
可乐**给**姐姐喝**光了**。 Kělè gěi jiějie hēguāng le.	콜라는 누나(언니)가 다 마셨어요.
车**叫**妈妈开**走了**。 Chē jiào māma kāizǒu le.	차는 엄마가 끌고 갔어요.
那本书**让**他借**走了**。 Nà běn shū ràng tā jièzǒu le.	그 책은 그가 빌려갔어요.

 대화해 봐요!

A : 我能借那本书吗? 내가 그 책을 좀 빌릴 수 있을까?
　　Wǒ néng jiè nà běn shū ma?

B : 那本书**让**他借**走了**。 그 책은 그가 빌려 갔어.
　　Nà běn shū ràng tā jièzǒu le.

131

★ 어순에 맞게 배열하세요.

01. 老师 / 我(주어) / 批评 / 被 / 了

____

02. 小狗 / 叫 / 了 / 我 / 咬

____

★ 한어병음을 중국어로 바꿔 써보세요.

03. Tā(그녀) bèi gōngsī chǎo yóuyú le.

____

04. Chē jiào māma kāizǒu le.

____

★ 중국어를 우리말로 바꿔 써보세요.

05. 他被朋友骗了。

____

06. 我的手机叫小偷儿偷了。

____

chapter 24

복문이란 두 개 이상의 독립된 절이 모여 하나의 문장으로 구성된 것을 말해요. 그 중에서도 병렬관계의 복문은 두 가지 이상의 상황이나 동작이 동시에 존재, 발생하거나 두 가지 동작이 동시에 진행됨을 나타내요. 이 과에서는 [又+A+又+B], [一边+A+一边+B] 패턴을 배워보도록 해요.

我又冷又饿。

나는 춥고 배고파요.

'또, 다시, 또한, 동시에'라는 뜻의 '又'가 두 번 쓰인 '又~又~' 형식은 두 가지 상황이나 동작이 동시에 존재, 발생함을 나타내요.

又 + A + 又 + B

我又冷又饿。
Wǒ yòu lěng yòu è.

나는 춥고 배고파요.

他又帅又诚实。
Tā yòu shuài yòu chéngshí.

그는 잘생기고 성실해요.

她又善良又漂亮。
Tā yòu shànliáng yòu piàoliang.

그녀는 착하고 예뻐요.

今天又下雨又刮风。
Jīntiān yòu xià yǔ yòu guā fēng.

오늘은 비가 내리고 바람도 불어요.

这个东西又好又便宜。
Zhège dōngxi yòu hǎo yòu piányi.

이 물건은 좋기도 하고 저렴하기도 해요.

 대화해 봐요!

A : 她人怎么样? 그녀는 사람 됨됨이가 어떠니?
Tā rén zěnmeyàng?

B : 她又善良又漂亮。 그녀는 착하고 예뻐.
Tā yòu shànliáng yòu piàoliang.

(한편으로) A하면서, (한편으로) B해요

我在一边吃饭一边看电视。

나는 밥 먹으면서 텔레비전을 보고 있어요.

'한편, 한쪽'이라는 뜻의 '一边'이 두 번 중복해서 쓰이면 두 가지 동작이 동시에 진행됨을 나타내요.

一边 + A + 一边 + B

我在一边吃饭一边看电视。
Wǒ zài yìbiān chīfàn yìbiān kàn diànshì.

나는 밥 먹으면서 텔레비전을 보고 있어요.

他在一边唱歌一边跳舞。
Tā zài yìbiān chànggē yìbiān tiàowǔ.

그는 노래 부르면서 춤을 추고 있어요.

她在一边听音乐一边散步。
Tā zài yìbiān tīng yīnyuè yìbiān sànbù.

그녀는 음악 들으면서 산책을 하고 있어요.

我们一边上学一边工作。
Wǒmen yìbiān shàngxué yìbiān gōngzuò.

우리는 학교를 다니면서 일을 해요.

他们在一边喝酒一边聊天儿。
Tāmen zài yìbiān hē jiǔ yìbiān liáotiānr.

그들은 술 마시면서 이야기를 하고 있어요.

 대화해 봐요!

A : 他们在做什么? 그들은 뭐 하고 있니?
Tāmen zài zuò shénme?

B : 他们在一边喝酒一边聊天儿。 그들은 술 마시면서 이야기를 하고 있어요.
Tāmen zài yìbiān hē jiǔ yìbiān liáotiānr.

★ 어순에 맞게 배열하세요.

01. 又 / 善良 / 她 / 漂亮 / 又

____

02. 听 / 她 / 一边 / 音乐 / 散步 / 一边 / 在

____

★ 한어병음을 중국어로 바꿔 써보세요.

03. Tā(그) yòu shuài yòu chéngshí.

____

04. Wǒmen yìbiān shàngxué yìbiān gōngzuò.

____

★ 중국어를 우리말로 바꿔 써보세요.

05. 我又冷又饿。

____

06. 他们在一边喝酒一边聊天儿。

____

chapter 25

복문이란 두 개 이상의 독립된 절이 모여 하나의 문장으로 구성된 것을 말해요. 그 중에서도 순접관계의 복문은 한 가지 동작이나 상황이 발생한 후, 또 하나의 동작이나 상황이 연이어 또는 곧바로 발생함을 나타내요. 이 과에서는 [先+A+然后+B], [一+A+就+B] 패턴을 배워보도록 해요.

我**先**洗澡**然后**吃饭。

나는 먼저 샤워를 하고 밥을 먹어요.

'먼저'라는 뜻의 부사 '先' 뒤에는 먼저 발생하는 동작이나 상황이 오며, 그 뒤에 연이어 발생하는 동작이나 상황은 접속사 '然后' 뒤에 위치해요.

先 + A + 然后 + B

我**先**洗澡**然后**吃饭。
Wǒ xiān xǐzǎo ránhòu chīfàn.
나는 먼저 샤워를 하고 밥을 먹어요.

他**先**去医院**然后**去上课了。
Tā xiān qù yīyuàn ránhòu qù shàngkè le.
그는 먼저 병원에 갔다 학교(수업)에 갔어요.

我们**先**看电影**然后**吃饭了。
Wǒmen xiān kàn diànyǐng ránhòu chīfàn le.
우리는 먼저 영화를 보고 밥을 먹었어요.

先好好想想**然后**再决定。
Xiān hǎohāo xiǎngxiang ránhòu zài juédìng.
먼저 잘 생각한 후에 결정해요.

先做作业**然后**再出去玩儿吧。
Xiān zuò zuòyè ránhòu zài chūqù wánr ba.
먼저 숙제를 하고 나가 놀아라.

 대화해 봐요!

A : 我想现在出去玩儿。지금 나가 놀고 싶어요.
　　Wǒ xiǎng xiànzài chūqù wánr.

B : **先**做作业**然后**再出去玩儿吧。먼저 숙제 하고 나가 놀아.
　　Xiān zuò zuòyè ránhòu zài chūqù wánr ba.

我一下课就回家了。

나는 수업이 끝나자마자 집으로 돌아갔어요.

'一~就~' 형식은 하나의 동작이나 상황이 발생한 후 곧바로 또 다른 동작이나 상황이 발생함을 나타내거나 어떤 상황이 되기만 하면 어김없이 어떤 동작으로 이어짐을 나타내기도 해요.

一 + A + 就 + B

我一下课就回家了。
Wǒ yí xiàkè jiù huí jiā le.

나는 수업이 끝나자마자 집으로 돌아갔어요.

他一有空就去见她。
Tā yì yǒu kòng jiù qù jiàn tā.

그는 틈만 나면 그녀를 만나러 가요.

她一吃完饭就去运动了。
Tā yì chīwán fàn jiù qù yùndòng le.

그녀는 밥을 다 먹자마자 운동하러 갔어요.

她一回家就洗手。
Tā yì huí jiā jiù xǐ shǒu.

그녀는 집에 가자마자 손을 씻어요.

他们一到暑假就去旅游。
Tāmen yí dào shǔjià jiù qù lǚyóu.

그들은 여름방학만 되면 여행을 가요.

 대화해 봐요!

A : **她去哪儿了?** 그녀는 어디 갔니?
Tā qù nǎr le?

B : **她一吃完饭就去运动了。** 그녀는 밥을 다 먹자마자 운동하러 갔어.
Tā yì chīwán fàn jiù qù yùndòng le.

CHAPTER 25

★ 어순에 맞게 배열하세요.

01. 然后 / 先 / 洗澡 / 吃 / 我 / 饭

02. 他们 / 到 / 一 / 暑假 / 旅游 / 就 / 去

★ 한어병음을 중국어로 바꿔 써보세요.

03. Tā(그) xiān qù yīyuàn ránhòu qù shàngkè le.

04. Tā(그녀) yì chīwán fàn jiù qù yùndòng le.

★ 중국어를 우리말로 바꿔 써보세요.

05. 先做作业然后再出去玩儿吧。

06. 我一下课就回家了。

chapter 26

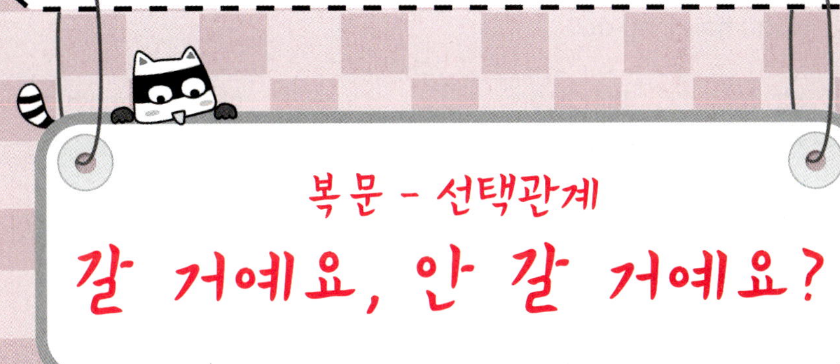

복문이란 두 개 이상의 독립된 절이 모여 하나의 문장으로 구성된 것을 말해요. 그 중에서도 선택관계의 복문은 몇 가지 상황 중에서 하나를 선택함을 나타내요. 이 과에서는 [A+还是+B], [A+而是+B], [不是+A+就是+B], [A+或者+B] 패턴을 배워보도록 해요.

你去还是不去?

갈 거예요, 안 갈 거예요?

'~ 아니면'이라는 뜻의 접속사 '还是'를 사용하면 두 가지 가능한 대답을 제시하고, 상대방에게 그 중 하나를 선택하여 답하도록 하는 복문을 만들 수 있어요.

A + 还是 + B

你去还是不去?
Nǐ qù háishi bú qù?

갈 거예요, 안 갈 거예요?

这个还是那个?
Zhège háishi nàge?

이것이요, 아니면 저것이요?

你来还是我去?
Nǐ lái háishi wǒ qù?

당신이 올래요, 아니면 내가 갈까요?

你要咖啡还是绿茶?
Nǐ yào kāfēi háishi lǜchá?

커피요, 아니면 녹차요?

他们今天去还是明天去?
Tāmen jīntiān qù háishi míngtiān qù?

그들은 오늘 가요, 아니면 내일 가요?

 대화해 봐요!

A : 他们今天去还是明天去? 그들은 오늘 가니, 아니면 내일 가니?
　　Tāmen jīntiān qù háishi míngtiān qù?

B : 他们明天去。 그들은 내일 가.
　　Tāmen míngtiān qù.

 078

不是明天，(而)是后天。

내일이 아니고 모레예요.

'不是~, (而)是~' 형식은 '~가(이) 아니고 ~예요'라는 뜻이에요. 두 가지 중에 뒤에 나오는 것을 선택하는 것으로, 앞에 나온 것을 부정하고, 뒤에 오는 것을 긍정하는 복문이에요.

不是 +A+ (而)是 +B

不是明天，(而)是后天。
Bú shì míngtiān, (ér) shì hòutiān.

내일이 아니고 모레예요.

不是上午，(而)是下午。
Bú shì shàngwǔ, (ér) shì xiàwǔ.

오전이 아니고 오후예요.

不是弟弟，(而)是男朋友。
Bú shì dìdi, (ér) shì nánpéngyou.

남동생이 아니고 남자친구예요.

他不是学生，(而)是老师。
Tā bú shì xuésheng, (ér) shì lǎoshī.

그는 학생이 아니고 선생님이에요.

这不是你的，(而)是他的。
Zhè bú shì nǐ de, (ér) shì tā de.

이것은 당신 것이 아니고 그의 것이에요.

 대화해 봐요!

A : 他是你弟弟吗? 그는 너 남동생이니?
Tā shì nǐ dìdi ma?

B : 不是弟弟，(而)是男朋友。 남동생이 아니고 남자친구야.
Bú shì dìdi, (ér) shì nánpéngyou.

143

不是睡觉，就是看电视。

잠자지 않으면 텔레비전을 봐요.

'不是~, 就是~' 형식은 '~가(이) 아니면 ~예요'라는 뜻으로, A가 아니면 어김없이 B임을 나타내요.

不是 + A + 就是 + B

不是睡觉，就是看电视。
Bú shì shuìjiào, jiù shì kàn diànshì.

잠자지 않으면 텔레비전을 봐요.

不是工作，就是学习。
Bú shì gōngzuò, jiù shì xuéxí.

일하지 않으면 공부해요.

他不是中国人，就是日本人。
Tā bú shì Zhōngguórén, jiù shì Rìběnrén.

그는 중국인이 아니면 일본인이에요.

考试不是明天，就是后天。
Kǎoshì bú shì míngtiān, jiù shì hòutiān.

시험은 내일이 아니면 모레예요.

最近不是下雨，就是刮风。
Zuìjìn bú shì xià yǔ, jiù shì guā fēng.

요즘은 비 오는 게 아니면 바람이 불어요.

 대화해 봐요!

A : 周末你一般做什么? 주말에 보통 뭘 하니?
Zhōumò nǐ yìbān zuò shénme?

B : 不是睡觉，就是看电视。잠자지 않으면 텔레비전을 봐.
Bú shì shuìjiào, jiù shì kàn diànshì.

080

今天或者明天都行。

오늘이든, 내일이든 다 괜찮아요.

평서문에서 '或者'는 '~ 혹은, 아니면' 이라는 뜻으로, 몇 가지 사항 중 하나를 선택함을 나타내며, '或者' 대신에 '或是'를 쓰기도 해요.

A + 或者 + B

今天或者明天都行。
Jīntiān huòzhě míngtiān dōu xíng.
오늘이든, 내일이든 다 괜찮아요.

韩国人或者中国人都行。
Hánguórén huòzhě Zhōngguórén dōu xíng.
한국인이든, 중국인이든 다 괜찮아요.

你去或者我去都没关系。
Nǐ qù huòzhě wǒ qù dōu méi guānxi.
당신이 가든, 내가 가든 다 상관없어요.

打电话或者发短信都可以。
Dǎ diànhuà huòzhě fā duǎnxìn dōu kěyǐ.
전화를 하든, 문자를 보내든 다 돼요.

休息或者去旅游都可以。
Xiūxi huòzhě qù lǚyóu dōu kěyǐ.
쉬든지, 여행을 가든지 다 돼요.

대화해 봐요!

A : 我要打电话告诉他吗? 전화로 그에게 알려야 하니?
Wǒ yào dǎ diànhuà gàosu tā ma?

B : 打电话或者发短信都可以。 전화를 하든, 문자를 보내든 다 괜찮아.
Dǎ diànhuà huòzhě fā duǎnxìn dōu kěyǐ.

CHAPTER 26

★ 어순에 맞게 배열하세요.

01. 中国人 / 就是 / 日本人 / 他 / 不是

02. 今天 / 都 / 明天 / 或者 / 行

★ 한어병음을 중국어로 바꿔 써보세요.

03. Tāmen jīntiān qù háishi míngtiān qù?

04. Bú shì shuìjiào, jiù shì kàn diànshì.

★ 중국어를 우리말로 바꿔 써보세요.

05. 他不是学生，而是老师。

06. 打电话或者发短信都可以。

chapter 27

특수 문형 - 강조

나는 한국에서 왔어요.

특정 상황에서 일반문장보다 강조의 느낌을 더 나타내고 싶은 경우, 다음과 같은 특수 문형을 활용할 수 있어요. 이 과에서는 [是+주체/시간/장소/방식/목적+的], [连+A+都/也+동사] 패턴을 배워보도록 해요.

~예요(강조)

我是从韩国来的。

나는 한국에서 왔어요.

이미 실현되었거나 완성된 동작이 이루어진 시간이나 장소, 방식 등을 강조하고 싶을 때 '是 ~的' 구문을 사용해서 나타낼 수 있어요.

是 + 주체/시간/장소/방식/목적 + **的**

我是从韩国来的。 Wǒ shì cóng Hánguó lái de.	나는 한국에서 왔어요. [장소]
是他告诉我的。 Shì tā gàosu wǒ de.	그가 나한테 알려줬어요. [주체]
她是1990年出生的。 Tā shì yī jiǔ jiǔ líng nián chūshēng de.	그녀는 1990년도에 태어났어요. [시간]
他们是坐飞机来的。 Tāmen shì zuò fēijī lái de.	그들은 비행기를 타고 왔어요. [방식]
他们是来学习汉语的。 Tāmen shì lái xuéxí Hànyǔ de.	그들은 중국어를 배우러 왔어요. [목적]

 대화해 봐요!

A : **他们是坐什么来的?** 그들은 무엇을 타고 왔니?
　　Tāmen shì zuò shénme lái de?

B : **他们是坐飞机来的。** 그들은 비행기를 타고 왔어.
　　Tāmen shì zuò fēijī lái de.

这连小孩子都知道。

이것은 어린아이도 다 알아요.

'连'과 '都/也' 사이에 강조하고자 하는 대상(A)을 넣고, '都/也' 뒤에 동사의 긍정형이나
부정형을 붙이면 강조의 뜻을 나타낼 수 있어요. '심지어'라는 뜻의 '甚至'를 '连' 앞에 놓으면
강조의 표현이 더욱 심화돼요.

连 + A + 都/也 + 동사

这连小孩子都知道。
Zhè lián xiǎo háizi dōu zhīdao.

이것은 어린아이도 다 알아요.

我连他的名字都忘了。
Wǒ lián tā de míngzi dōu wàng le.

나는 그의 이름조차도 잊어버렸어요.

他连一分钱也没有。
Tā lián yì fēn qián yě méiyǒu.

그는 한푼도 없어요.

他连我的饭都吃掉了。
Tā lián wǒ de fàn dōu chīdiào le.

그는 내 밥도 다 먹어버렸어요.

她连吃饭的时间也没有。
Tā lián chīfàn de shíjiān yě méiyǒu.

그녀는 밥 먹을 시간조차 없어요.

 대화해 봐요!

A : **她忙吗?** 그녀는 바쁘니?
Tā máng ma?

B : **嗯，她连吃饭的时间也没有。** 응, 그녀는 밥 먹을 시간조차 없어.
Ng, tā lián chīfàn de shíjiān yě méiyǒu.

CHAPTER 27

★ 어순에 맞게 배열하세요.

01. 的 / 飞机 / 他们 / 是 / 坐 / 来

____

02. 这 / 小 / 连 / 孩子 / 知道 / 都

____

★ 한어병음을 중국어로 바꿔 써보세요.

03. Tā(그녀) shì yī jiǔ jiǔ líng nián chūshēng de.

____

04. Tā(그) lián wǒ de fàn dōu chīdiào le.

____

★ 중국어를 우리말로 바꿔 써보세요.

05. 我是从韩国来的。

____

06. 他连一分钱也没有。

____

chapter 28

반어문이란 형식은 의문문이지만 대답을 요구하는 대신 어떤 명확한 사실에 대하여 반문함으로써 긍정형의 반어문은 부정의 뜻을, 부정형의 반어문은 긍정의 뜻을 강조해요. 이 과에서는 [难道+A+吗], [주어+不是+A+吗], [주어+哪儿+A+啊], [주어+何必+A+呢] 패턴을 배워보도록 해요.

你难道不认识她吗?

설마 그녀를 몰라요?

'难道'는 '설마'라는 뜻의 부사로, 주로 문장 끝에 '吗'나 '不成'과 함께 쓰여 '설마 ~란 말인가'와 같은 반어문 형식으로 만들 수 있어요. 이때 주어는 '难道' 앞, 뒤에 모두 올 수 있어요. 어감이 강한 반어문은 예의를 갖춘 문장이라 할 수 없기 때문에 때와 장소를 가려 사용해야 해요.

难道 + A + 吗

你难道不认识她吗?
Nǐ nándào bú rènshi tā ma?

설마 그녀를 몰라요?

难道你不相信我吗?
Nándào nǐ bù xiāngxìn wǒ ma?

설마 나를 못 믿어요?

他难道不喜欢她吗?
Tā nándào bù xǐhuan tā ma?

그가 설마 그녀를 좋아하지 않아요?

难道你住在这里吗?
Nándào nǐ zhù zài zhèlǐ ma?

설마 당신 여기에 살아요?

你们难道不想去吗?
Nǐmen nándào bù xiǎng qù ma?

당신들 설마 가고 싶지 않아요?

 대화해 봐요!

A : 难道你不相信我吗? 설마 너 나를 못 믿니?
　　Nándào nǐ bù xiāngxìn wǒ ma?

B : 你听谁说的? 我很相信你。 누가 그래? 나는 너를 믿어.
　　Nǐ tīng shéi shuō de? Wǒ hěn xiāngxìn nǐ.

你**不是**认识她**吗**?

그녀를 아는 거 아니에요?

'~ 아니에요?'라는 반문을 통해 긍정이나 부정의 뜻을 강조할 수 있어요. A가 긍정의 뜻이면 부정임을 강조하고, 부정의 뜻이면 긍정임을 강조해요.

주어 + **不是** + A + **吗**

你**不是**认识她**吗**?
Nǐ bú shì rènshi tā ma?

그녀를 아는 거 아니에요?

你们**不是**有孩子**吗**?
Nǐmen bú shì yǒu háizi ma?

당신들 아이가 있는 거 아니에요?

他**不是**数学老师**吗**?
Tā bú shì shùxué lǎoshī ma?

그는 수학 선생님이 아니에요?

她**不是**已经结婚了**吗**?
Tā bú shì yǐjīng jiéhūn le ma?

그녀는 이미 결혼한 거 아니에요?

这**不是**你的书**吗**?
Zhè bú shì nǐ de shū ma?

이거 당신 책 아니에요?

 대화해 봐요!

A : 这**不是**你的书**吗**? 이거 너 책 아니니?
　　 Zhè bú shì nǐ de shū ma?

B : 是, 这是我的书。 맞아, 이거 내 책이야.
　　 Shì, zhè shì wǒ de shū.

我**哪儿**有时间**啊**?

나는 시간이 없어요.

'哪儿'은 원래 동작이나 행위가 발생한 장소를 물을 때 사용하는 의문대사이지만 여기에서는 '不'나 '没(有)'의 뜻을 대신해요. 표면상으로는 긍정의 뜻을 가진 의문문처럼 보이지만 '哪儿'을 통해 반문함으로써 부정의 어감을 나타내요.

주어 + 哪儿 + A + 啊

我**哪儿**有时间**啊**? Wǒ nǎr yǒu shíjiān a?	나는 시간이 없어요.
我**哪儿**知道**啊**? Wǒ nǎr zhīdao a?	나는 몰라요.
我**哪儿**生气了**啊**? Wǒ nǎr shēngqì le a?	나는 화를 내지 않았어요.
我**哪儿**去过中国**啊**? Wǒ nǎr qùguo Zhōngguó a?	나는 중국에 가 본 적이 없어요.
她**哪儿**会说汉语**啊**? Tā nǎr huì shuō Hànyǔ a?	그녀는 중국어를 할 줄 몰라요.

 대화해 봐요!

A : 你知道他有没有女朋友吗? 너는 그가 여자친구가 있는지 없는지 아니?
　　Nǐ zhīdao tā yǒu méiyǒu nǚpéngyou ma?

B : 我**哪儿**知道**啊**? 몰라.
　　Wǒ nǎr zhīdao a?

086

你何必那么不高兴呢?

그렇게 기분 나빠할 필요 있나요?

부사 '何必'는 '굳이 ~할 필요 있는가?'라는 뜻으로, 반문을 통해 굳이 ~할 필요가 없음을 강조하여 나타내는 표현이에요. 문장 끝에는 보통 어기조사 '呢'가 함께 쓰여요.

주어 + 何必 + A + 呢

你何必那么不高兴呢?
Nǐ hébì nàme bù gāoxìng ne?

그렇게 기분 나빠할 필요 있나요?

你何必那么生气呢?
Nǐ hébì nàme shēngqì ne?

그렇게 화낼 필요 있나요?

你何必那么计较呢?
Nǐ hébì nàme jìjiào ne?

그렇게 따질 필요 있나요?

你何必放在心上呢?
Nǐ hébì fàng zài xīn shàng ne?

마음에 담아둘 필요 있나요?

你何必亲自来接我呢?
Nǐ hébì qīnzì lái jiē wǒ ne?

직접 나를 마중 나올 필요가 있나요?

대화해 봐요!

A : 他太过分了。 그는 너무해.
Tā tài guòfèn le.

B : 你何必那么不高兴呢? 그렇게 기분 나빠할 필요 있니?
Nǐ hébì nàme bù gāoxìng ne?

155

★ 어순에 맞게 배열하세요.

01. 不 / 他 / 老师 / 吗 / 数学 / 是

02. 哪儿 / 了 / 我 / 生气 / 啊

★ 한어병음을 중국어로 바꿔 써보세요.

03. Nǐ nándào bú rènshi tā(그녀) ma?

04. Nǐ hébì qīnzì lái jiē wǒ ne?

★ 중국어를 우리말로 바꿔 써보세요.

05. 你们不是有孩子吗?

06. 我哪儿有时间啊?

chapter 29

당신은 언제 귀국해요?

중국어에서 의문문을 만드는 방법은 평서문 끝에 어기조사 '吗'를 붙여주는 방법 이외에도 의문대사를 사용하는 방법이 있어요. 의문대사에는 '谁, 什么时候, 哪儿, 什么, 怎么, 为什么, 几, 多少' 등이 있는데, 묻고 싶은 부분에 그것에 상응하는 의문대사를 대체하면 돼요. 이 과에서는 [谁+동사+(목적어)], [주어+什么时候+동사+(목적어)], [주어+在哪儿+동사+(목적어)], [주어+동사+什么], [A+怎么+동사], [주어+为什么+동사+(목적어)], [几+양사+(명사)], [多少+(양사)+명사] 패턴을 배워보도록 해요.

谁是你男朋友?

누가 당신 남자친구예요?

의문대사 '谁'는 '누구'라는 뜻으로, 주어 자리에 오면 행위의 주체를 묻는 의문문이 되고,
목적어 자리에 오면 행위의 대상을 묻는 의문문이 돼요.

谁 + 동사 + (목적어)

谁是你男朋友?
Shéi shì nǐ nánpéngyou?

누가 당신 남자친구예요?

谁喜欢跳舞?
Shéi xǐhuan tiàowǔ?

누가 춤추는 것을 좋아해요?

谁喜欢唱歌?
Shéi xǐhuan chànggē?

누가 노래 부르는 것을 좋아해요?

谁会说汉语?
Shéi huì shuō Hànyǔ?

누가 중국어를 할 줄 알아요?

谁赢了?
Shéi yíng le?

누가 이겼어요?

 대화해 봐요!

A : **谁是你男朋友?** 누가 너의 남자친구니?
Shéi shì nǐ nánpéngyou?

B : **他就是我男朋友。** 그가 바로 내 남자친구야.
Tā jiù shì wǒ nánpéngyou.

你**什么时候**回国?

당신은 언제 귀국해요?

　의문대사 '什么时候'는 '언제'라는 뜻으로, 주로 주어와 동사 사이에 놓여 사건의 발생 시점이나 시간을 물을 때 사용해요.

주어 + **什么时候** + 동사 + (목적어)

你**什么时候**回国?
Nǐ shénme shíhou huí guó?

당신은 언제 귀국해요?

你**什么时候**来韩国旅游?
Nǐ shénme shíhou lái Hánguó lǚyóu?

당신은 언제 한국에 여행 올 거예요?

你们**什么时候**结婚?
Nǐmen shénme shíhou jiéhūn?

당신들은 언제 결혼할 거예요?

你们**什么时候**开学?
Nǐmen shénme shíhou kāixué?

당신들은 언제 개학해요?

他们**什么时候**搬家?
Tāmen shénme shíhou bānjiā?

그들은 언제 이사해요?

 대화해 봐요!

A : 你们**什么时候**结婚? 너네 언제 결혼할 거니?
　　Nǐmen shénme shíhou jiéhūn?

B : 我们打算明年10月份结婚。 우리는 내년 10월 쯤에 결혼할 계획이야.
　　Wǒmen dǎsuàn míngnián Shíyuè fèn jiéhūn.

 089

你在哪儿工作?

당신은 어디에서 일해요?

의문대사 '哪儿(哪里)'은 '어디'라는 뜻으로, 전치사 '在'와 함께 쓰여 어떤 행위나 동작의 발생 장소가 어디인지를 물을 때 사용해요.

주어 + **在哪儿** + 동사 + (목적어)

你在哪儿工作?
Nǐ zài nǎr gōngzuò?

당신은 어디에서 일해요?

他在哪儿运动?
Tā zài nǎr yùndòng?

그는 어디에서 운동을 해요?

她在哪儿买东西?
Tā zài nǎr mǎi dōngxi?

그녀는 어디에서 쇼핑을 해요?

你们在哪儿学习汉语?
Nǐmen zài nǎr xuéxí Hànyǔ?

당신들은 어디에서 중국어를 배워요?

你们在哪儿吃饭?
Nǐmen zài nǎr chīfàn?

당신들은 어디에서 식사를 해요?

 대화해 봐요!

A : 她在哪儿买东西? 그녀는 어디에서 쇼핑을 하니?
Tā zài nǎr mǎi dōngxi?

B : 她在百货商店买东西。 그녀는 백화점에서 쇼핑을 해.
Tā zài bǎihuò shāngdiàn mǎi dōngxi.

090

你想吃什么?

당신은 무엇을 먹고 싶어요?

의문대사 '什么'는 '무엇'이라는 뜻으로, 주로 목적어 자리에 쓰여 행위의 대상(사물)이 무엇인지 물을 때 사용해요.

주어 + 동사 + 什么

你想吃什么?
Nǐ xiǎng chī shénme?

당신은 무엇을 먹고 싶어요?

他喝什么?
Tā hē shénme?

그는 무엇을 마셔요?

她看什么?
Tā kàn shénme?

그녀는 무엇을 봐요?

你们想要什么?
Nǐmen xiǎng yào shénme?

당신들은 무엇을 갖고 싶어요?

他们学什么?
Tāmen xué shénme?

그들은 무엇을 배워요?

대화해 봐요!

A : **你想吃什么?** 너는 무엇을 먹고 싶니?
Nǐ xiǎng chī shénme?

B : **我想吃中国菜。** 나는 중국음식을 먹고 싶어.
Wǒ xiǎng chī Zhōngguócài.

161

泡菜怎么做?

김치는 어떻게 만들어요?

의문대사 '怎么'는 '어떻게, 어째서'라는 뜻으로, 동사 앞에 놓여 주어가 행한 동작의 방식이나 원인을 물을 때 사용해요.

A + 怎么 + 동사

泡菜怎么做?　　　　　　　　김치는 어떻게 만들어요?
Pàocài zěnme zuò?

苹果怎么卖?　　　　　　　　사과는 어떻게 팔아요?(얼마예요?)
Píngguǒ zěnme mài?

天安门怎么走?　　　　　　　천안문은 어떻게 가요?
Tiān'ān Mén zěnme zǒu?

这个词怎么念?　　　　　　　이 단어는 어떻게 읽어요?
Zhège cí zěnme niàn?

北京烤鸭怎么吃?　　　　　　베이징 오리구이는 어떻게 먹어요?
Běijīng kǎoyā zěnme chī?

 대화해 봐요!

A : 苹果怎么卖? 사과는 어떻게 팔아요?(얼마예요?)
　　Píngguǒ zěnme mài?

B : 十块钱一斤。 한 근에 10위안이에요.
　　Shí kuài qián yì jīn.

你为什么笑?

당신은 왜 웃어요?

의문대사 '为什么'는 동사 앞에 놓여 주어가 행한 동작의 이유나 원인을 물을 때 사용해요.

주어 + **为什么** + 동사 + (목적어)

你为什么笑?
Nǐ wèishénme xiào?

당신은 왜 웃어요?

他为什么喜欢她?
Tā wèishénme xǐhuan tā?

그는 왜 그녀를 좋아해요?

她为什么不吃?
Tā wèishénme bù chī?

그녀는 왜 안 먹어요?

你们为什么学汉语?
Nǐmen wèishénme xué Hànyǔ?

당신들은 왜 중국어를 배워요?

他们为什么不参加?
Tāmen wèishénme bù cānjiā?

그들은 왜 참가를 안 해요?

 대화해 봐요!

A : **她为什么不吃?** 그녀는 왜 안 먹니?
Tā wèishénme bù chī?

B : **她在减肥。** 그녀는 다이어트 중이야.
Tā zài jiǎnféi.

今天几月几号?

오늘은 몇 월 며칠이에요?

'几'는 10 이하의 숫자를 묻는 의문대사예요. 보통 날짜와 요일, 시간을 묻는 표현에서 사용하는데 주의할 점은 의문사 '几'는 그 뒤에 오는 양사를 생략할 수 없어요.

几 + 양사 + (명사)

今天几月几号? Jīntiān jǐ yuè jǐ hào?	오늘은 몇 월 며칠이에요?
今天星期几? Jīntiān xīngqī jǐ?	오늘은 무슨 요일이에요?
现在几点? Xiànzài jǐ diǎn?	지금 몇 시예요?
这个孩子几岁了? Zhège háizi jǐ suì le?	이 아이는 몇 살이에요?
你们有几个孩子? Nǐmen yǒu jǐ ge háizi?	당신들은 아이가 몇 명이에요?

 대화해 봐요!

A : 你们有几个孩子? 당신들은 아이가 몇 명이에요?
　　Nǐmen yǒu jǐ ge háizi?

B : 我们有三个孩子。 우리는 세 명의 아이가 있어요.
　　Wǒmen yǒu sān ge háizi.

你们班里有**多少**学生?

당신 반에는 몇 명의 학생이 있어요?

의문대사 '多少'는 10 이상의 숫자를 묻는 의문대사예요. 보통 돈의 액수나 전화번호, 무게 및 거리 등을 묻는 표현에서 사용해요. 의문대사 '多少'는 '几'와는 달리 양사를 생략할 수 있어요.

多少 + (양사) + 명사

你们班里有**多少**学生?
Nǐmen bān lǐ yǒu duōshao xuésheng?

당신 반에는 몇 명의 학생이 있어요?

能换**多少**人民币?
Néng huàn duōshao rénmínbì?

얼마의 중국돈으로 환전할 수 있어요?

她的手机号码是**多少**?
Tā de shǒujī hàomǎ shì duōshao?

그녀의 휴대전화 번호는 몇 번이에요?

苹果**多少**钱一斤?
Píngguǒ duōshao qián yì jīn?

사과는 한 근에 얼마예요?

这个行李是**多少**公斤?
Zhège xíngli shì duōshao gōngjīn?

이 짐은 몇 kg이에요?

 대화해 봐요!

A : 你们班里有**多少**学生? 너네 반에는 몇 명의 학생이 있니?
　　Nǐmen bān lǐ yǒu duōshao xuésheng?

B : 我们班里有三十五个学生。 우리 반에는 35명의 학생이 있어.
　　Wǒmen bān lǐ yǒu sānshíwǔ ge xuésheng.

165

★ 어순에 맞게 배열하세요.

01. 在 / 你们 / 学习 / 哪儿 / 汉语

02. 吃 / 你 / 什么 / 想

★ 한어병음을 중국어로 바꿔 써보세요.

03. Tāmen shénme shíhou bānjiā?

04. Tā(그녀) de shǒujī hàomǎ shì duōshao?

★ 중국어를 우리말로 바꿔 써보세요.

05. 北京烤鸭怎么吃?

06. 他们为什么不参加?

★ 빈칸에 알맞은 단어를 보기에서 찾아 써보세요.

보기

学习　用　想　聪明　写　是　有　和

01。 我______汉语。 나는 중국어를 공부해요.

02。 我不______。 나는 똑똑하지 않아요.

03。 我___学生。 나는 학생이에요.

04。 我___他一起学习。 나는 그와 함께 공부해요.

05。 我___喝咖啡。 나는 커피를 마시고 싶어요.

06。 我___男朋友。 나는 남자친구가 있어요.

07。 我___铅笔___信。 나는 연필로 편지를 써요.

★ A, B 대화를 자연스럽게 연결해 보세요.

08。A：你怎么不进去呢？ ⓐ B：他不让我进来。

09。A：她结婚了吗？ ⓑ B：他在床上躺着呢。

10。A：他干什么呢？ ⓒ B：她已经结婚了。

11。A：你学过汉语吗？ ⓓ B：我们去巴厘岛吧。

12。A：我们去哪儿旅游呢？ ⓔ B：我学过汉语。

13。A：她胖吗？ ⓕ B：她比我更胖。

14。A：他的比你的好吗？ ⓖ B：她没有我漂亮。

15。A：她漂亮吗？ ⓗ B：他的跟我的差不多。

★ 우리말을 중국어로 바꿔 써보세요.

16. 당신은 점점 예뻐지네요. (**越来越**~了)

____

17. 그녀는 착하고 예뻐요. (**又**~**又**~)

____

18. 우리는 학교를 다니면서 일을 해요. (**一边**~**一边**~)

____

19. 나는 먼저 샤워를 하고 밥을 먹어요. (**先**~**然后**~)

____

20. 그녀는 집에 가자마자 손을 씻어요. (**一**~**就**~)

____

21. 그는 학생이 아니고 선생님이에요. (**不是**~**而是**~)

____

22. 나는 한국에서 왔어요. (**是**~**的**)

____

23. 그렇게 화낼 필요 있나요? (**何必**~**呢**)

____

주제별
패턴중국어

chapter 30

① 인사　你好!
② 이름　我叫金大韩。

你好!

안녕하세요!

우리말의 '안녕하세요!'처럼 중국에서 가장 일반적으로 사용하는 인사말이에요. 사람을 처음 만났을 때나 아는 사람을 만났을 때, 때와 장소를 가리지 않고 사용할 수 있어요. 이 인사에 대한 대답으로는 똑같이 '你好!'라고 하면 돼요.

사람/시간 + 好

你好! Nǐ hǎo!	안녕하세요!
大家好! Dàjiā hǎo!	여러분, 안녕하세요!
老师好! Lǎoshī hǎo!	선생님, 안녕하세요!
早上好! Zǎoshang hǎo!	안녕하세요! [아침 인사]
晚上好! Wǎngshang hǎo!	안녕하세요! [저녁, 밤 인사]

 대화해 봐요!

A : **大家好!** 여러분, 안녕하세요!
　　 Dàjiā hǎo!

B : **老师好!** 선생님, 안녕하세요!
　　 Lǎoshī hǎo!

你好吗?

잘 지내나요?

아는 사이의 사람들끼리 안부를 묻는 인사말이에요. 이 인사에 대한 대답으로는 보통 '我很好。'라고 말하지만 그 밖에 현재 상황에 따라 다양하게 대답할 수 있어요. 여기에서는 '~好吗' 앞에 안부가 궁금한 대상을 넣어 안부를 묻는 인사말을 연습해 보도록 해요.

안부가 궁금한 대상 + 好吗

你好吗? Nǐ hǎo ma?	잘 지내나요?
你妈妈好吗? Nǐ māma hǎo ma?	어머니는 잘 지내시나요?
你爸爸好吗? Nǐ bàba hǎo ma?	아버지는 잘 지내시나요?
爷爷，您好吗? Yéye, nín hǎo ma?	할아버지, 잘 지내셨어요?
奶奶，您好吗? Nǎinai, nín hǎo ma?	할머니, 잘 지내셨어요?

 대화해 봐요!

A : 你好吗? 잘 지내니?
　　Nǐ hǎo ma?

B : 我很好。 나는 잘 지내.
　　Wǒ hěn hǎo.

我很好。

나는 (매우) 잘 지내요.

'你好吗?'라는 질문에 긍정의 대답을 하고 싶을 때 사용해요. '很'은 정도부사로 형용사 앞에 쓰여 '매우'라는 뜻을 나타내지만, 보통은 습관적으로 사용하는 것이기 때문에 강조의 의미는 없다고 볼 수 있어요. 부정형은 '很' 대신 부정부사 '不'를 써서 나타내요.

我很 + 형용사

我很好。
Wǒ hěn hǎo.

나는 (매우) 잘 지내요.

我很高兴。
Wǒ hěn gāoxìng.

나는 (매우) 기뻐요.

我很伤心。
Wǒ hěn shāngxīn.

나는 (매우) 슬퍼요.

我很忙。
Wǒ hěn máng.

나는 (매우) 바빠요.

我很累。
Wǒ hěn lèi.

나는 (매우) 피곤해요.

 대화해 봐요!

A : 你忙吗? 바쁘니?
　　Nǐ máng ma?

B : 我很忙。 나는 (매우) 바빠.
　　Wǒ hěn máng.

~ 봐요

再见!

또 봐요!

'잘 가, 또 보자!'라는 뜻으로, 헤어질 때 하는 인사말이에요. 시간이나 나이에 제약 없이 두루 쓰여요.

시간/때 + 见 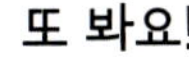

再见! Zàijiàn!	또 봐요!
一会儿见! Yíhuìr jiàn!	이따가 봐요!
晚上见! Wǎnshang jiàn!	저녁에 봐요!
明天见! Míngtiān jiàn!	내일 봐요!
周末见! Zhōumò jiàn!	주말에 봐요!

 대화해 봐요!

A : 再见! 잘 가!
　　Zàijiàn!

B : 明天见! 내일 보자!
　　Míngtiān jiàn!

你叫什么?

당신 이름이 뭐예요?

상대방의 이름을 묻는 표현으로, 자기 또래나 자기보다 어린 사람의 이름을 물을 때 사용해요. '무엇, 무슨'이라는 뜻의 의문대사 '什么' 뒤에 '名字'를 붙여 '你叫什么名字?'라고 물어도 같은 뜻이 돼요.

주어 + 叫什么

你叫什么? Nǐ jiào shénme?	당신 이름이 뭐예요?
你姐姐叫什么? Nǐ jiějie jiào shénme?	당신 누나(언니) 이름이 뭐예요?
你哥哥叫什么? Nǐ gēge jiào shénme?	당신 형(오빠) 이름이 뭐예요?
你弟弟叫什么(名字)? Nǐ dìdi jiào shénme (míngzi)?	남동생 이름이 뭐예요?
你妹妹叫什么(名字)? Nǐ mèimei jiào shénme (míngzi)?	여동생 이름이 뭐예요?

 대화해 봐요!

A : 你弟弟叫什么? 너 남동생 이름이 뭐니?
　　Nǐ dìdi jiào shénme?

B : 他叫大卫。 그의 이름은 데이빗이야.
　　Tā jiào Dàwèi.

我叫金大韩。

내 이름은 김대한이에요.

자신의 이름을 소개할 때 사용하는 표현이에요. '我叫~' 뒤에 자신의 전체 이름을 넣어 말하거나 '我姓金, 叫金大韩。'처럼 성을 먼저 말하고, 나중에 전체 이름을 말해도 돼요.

我叫 + 자신의 이름

我叫金大韩。
Wǒ jiào Jīn Dàhán.

내 이름은 김대한이에요.

我叫李美兰。
Wǒ jiào Lǐ Měilán.

내 이름은 이미란이에요.

我叫刘玲玲。
Wǒ jiào Liú Línglíng.

내 이름은 류링링이에요.

我叫大卫。
Wǒ jiào Dàwèi.

내 이름은 데이빗이에요.

我姓张，叫张伟。
Wǒ xìng Zhāng, jiào Zhāng Wěi.

성은 장 씨고, 장웨이라고 해요.

대화해 봐요!

A : 你叫什么? 너 이름이 뭐니?
Nǐ jiào shénme?

B : 我姓张，叫张伟。 성은 장 씨고, 장웨이라고 해.
Wǒ xìng Zhāng, jiào Zhāng Wěi.

★ 어순에 맞게 배열하세요.

01. 爸爸 / 吗 / 好 / 你

____

02. 高兴 / 很 / 我

____

★ 한어병음을 중국어로 바꿔 써보세요.

03. Wǎnshang hǎo!

____

04. Nǐ dìdi jiào shénme míngzi?

____

★ 중국어를 우리말로 바꿔 써보세요.

05. 我叫李美兰。

____

06. 我姓张，叫张伟。

____

chapter 31

1 국적 　我是韩国人。
2 나이 　我十七岁。

你是哪国人?

당신은 어느 나라 사람이에요?

　상대방의 국적을 묻는 표현으로, '〜国人' 앞에 의문대사 '哪'를 넣으면 '어느 나라 사람'이라는 뜻이 돼요. 의문대사 '哪'는 뒤에 양사와 함께 쓰여 여러 사람·사물·시간·장소 가운데서 특정한 하나를 물을 때 사용해요.

주어 + 是哪国人

你是哪国人? Nǐ shì nǎ guó rén?	당신은 어느 나라 사람이에요?
他是哪国人? Tā shì nǎ guó rén?	그는 어느 나라 사람이에요?
她是哪国人? Tā shì nǎ guó rén?	그녀는 어느 나라 사람이에요?
这个人是哪国人? Zhège rén shì nǎ guó rén?	이 사람은 어느 나라 사람이에요?
那个人是哪国人? Nàge rén shì nǎ guó rén?	저 사람은 어느 나라 사람이에요?

 대화해 봐요!

A : 他是哪国人? 그는 어느 나라 사람이니?
　　Tā shì nǎ guó rén?

B : 他是韩国人。 그는 한국 사람이야.
　　Tā shì Hánguórén.

我是韩国人。

나는 한국인이에요.

국적을 묻는 질문에 대한 대답으로 '나는 ~인이다'라는 표현은 '我是＋국가명＋人'의 형태로 나타낼 수 있어요.

我是 ＋ 국가명 ＋ 人

我是韩国人。
Wǒ shì Hánguórén.

나는 한국인이에요.

我是中国人。
Wǒ shì Zhōngguórén.

나는 중국인이에요.

我是美国人。
Wǒ shì Měiguórén.

나는 미국인이에요.

我是日本人。
Wǒ shì Rìběnrén.

나는 일본인이에요.

我是英国人。
Wǒ shì Yīngguórén.

나는 영국인이에요.

 대화해 봐요!

A : 你是哪国人? 너는 어느 나라 사람이니?
Nǐ shì nǎ guó rén?

B : 我是中国人。 나는 중국 사람이야.
Wǒ shì Zhōngguórén.

你多大?

당신은 몇 살이에요?

10살 이상이나 자기 또래에게 나이를 물을 때 사용하는 표현이에요. 그 밖에 10살 이하의 어린 아이들에게 나이를 물을 때는 '你几岁?'라는 표현을 쓰고, 웃어른에게는 '多大' 뒤에 '年纪' 또는 '岁数'를 붙여서 연세를 확인할 수 있어요.

주어 + 多大

你多大?
Nǐ duō dà?

당신은 몇 살이에요?

你朋友多大?
Nǐ péngyou duō dà?

당신 친구는 몇 살이에요?

姥爷, 您多大年纪?
Lǎoye, nín duō dà niánjì?

외할아버지, 연세가 어떻게 되세요?

姥姥, 您多大岁数?
Lǎolao, nín duō dà suìshu?

외할머니, 연세가 어떻게 되세요?

孩子, 你几岁?
Háizi, nǐ jǐ suì?

얘야, 너는 몇 살이니?

 대화해 봐요!

A : **你朋友多大?** 너 친구는 몇 살이니?
　　Nǐ péngyou duō dà?

B : **他十八岁。** 그는 18살이야.
　　Tā shíbā suì.

我十七岁。

나는 17살이에요.

나이를 묻는 질문에 대한 대답이에요. 나이를 물을 때는 상대방의 나이를 고려해야 했지만, 나이를 말할 때는 '～岁' 앞에 나이에 해당하는 숫자를 넣기만 하면 돼요.

我 + 숫자 + 岁

我十七岁。
Wǒ shíqī suì.

나는 17살이에요.

我二十九岁。
Wǒ èrshíjiǔ suì.

나는 29살이에요.

我三十五岁。
Wǒ sānshíwǔ suì.

나는 35살이에요.

我四十岁。
Wǒ sìshí suì.

나는 40살이에요.

我五十八岁。
Wǒ wǔshíbā suì.

나는 58살이에요.

 대화해 봐요!

A : 您多大年纪? 연세가 어떻게 되세요?
　　Nín duō dà niánjì?

B : 我五十八岁。 쉰 여덟이에요.
　　Wǒ wǔshíbā suì.

★ 어순에 맞게 배열하세요.

01. 哪 / 他 / 国 / 是 / 人

____

02. 姥爷 / 多 / 您 / 年纪 / 大

____

★ 한어병음을 중국어로 바꿔 써보세요.

03. Wǒ shì Měiguórén.

____

04. Háizi, nǐ jǐ suì?

____

★ 중국어를 우리말로 바꿔 써보세요.

05. 这个人是哪国人?

____

06. 我四十岁。

____

chapter 32

1 날짜　今天星期六。

2 시간　现在三点二十分。

105

今天几月几号?

오늘은 몇 월 며칠이에요?

몇 월 며칠인지 날짜를 묻는 표현이에요. 의문대사 '几'는 일반적으로 10 미만의 숫자를 묻을 때 사용하지만 날짜나 요일, 시간 등을 물을 때는 습관적으로 '几'를 사용해요.

시간/때 + 几月几号

今天几月几号?
Jīntiān jǐ yuè jǐ hào?

오늘은 몇 월 며칠이에요?

春节几月几号?
Chūnjié jǐ yuè jǐ hào?

춘절(중국의 설날)은 몇 월 며칠이에요?

端午节几月几号?
Duānwǔjié jǐ yuè jǐ hào?

단오절은 몇 월 며칠이에요?

中秋节几月几号?
Zhōngqiūjié jǐ yuè jǐ hào?

중추절(중국의 추석)은 몇 월 며칠이에요?

圣诞节几月几号?
Shèngdànjié jǐ yuè jǐ hào?

크리스마스는 몇 월 며칠이에요?

대화해 봐요!

A : 端午节几月几号? 단오절은 몇 월 며칠이니?
Duānwǔjié jǐ yuè jǐ hào?

B : 端午节五月五号。 단오절은 5월 5일이야.
Duānwǔjié Wǔyuè wǔ hào.

今天一月十九号。

오늘은 1월 19일이에요.

　날짜를 묻는 질문에 대한 대답으로, 의문대사 '几' 대신 월과 일에 해당하는 숫자를 넣어 대답하면 돼요. 구어체에서는 '号'를 많이 사용하지만 공문서 작성 등 문어체에서는 '号' 대신 '日'를 쓰기도 해요.

今天 + 숫자 + 月 + 숫자 + 号

今天一月十九号。
Jīntiān Yīyuè shíjiǔ hào.

오늘은 1월 19일이에요.

今天二月二十八号。
Jīntiān Èryuè èrshíbā hào.

오늘은 2월 28일이에요.

今天三月三十一号。
Jīntiān Sānyuè sānshíyī hào.

오늘은 3월 31일이에요.

今天四月三十日。
Jīntiān Sìyuè sānshí rì.

오늘은 4월 30일이에요.

今天五月十七日。
Jīntiān Wǔyuè shíqī rì.

오늘은 5월 17일이에요.

 대화해 봐요!

A : 今天几月几号? 오늘은 몇 월 며칠이니?
　　Jīntiān jǐ yuè jǐ hào?

B : 今天三月三十一号。 오늘은 3월 31일이야.
　　Jīntiān Sānyuè sānshíyī hào.

今天星期几?

오늘은 무슨 요일이에요?

요일을 묻는 표현으로, 대답은 의문대사 '几' 대신 숫자 1~6을 넣어 '월요일~토요일'이라는 뜻을 나타낼 수 있어요. 이때 일요일은 숫자 7이 아닌 '天'이나 '日'를 사용해 나타낸다는 점에 주의하세요.

날짜/때 + 星期几

今天星期几?
Jīntiān xīngqī jǐ?

오늘은 무슨 요일이에요?

明天星期几?
Míngtiān xīngqī jǐ?

내일은 무슨 요일이에요?

昨天星期几?
Zuótiān xīngqī jǐ?

어제가 무슨 요일이었어요?

前天星期几?
Qiántiān xīngqī jǐ?

그저께가 무슨 요일이었어요?

后天星期几?
Hòutiān xīngqī jǐ?

모레는 무슨 요일이에요?

 대화해 봐요!

A : **昨天星期几?** 어제가 무슨 요일이었니?
　　Zuótiān xīngqī jǐ?

B : **昨天星期二。** 어제는 화요일이었어.
　　Zuótiān Xīngqī'èr.

今天星期六。

오늘은 토요일이에요.

요일을 묻는 질문에 대한 대답은 '주, 요일' 이라는 뜻의 '星期'를 사용해서 말해요. '星期' 대신 '礼拜'나 '周'를 사용해도 같은 뜻이 돼요.

今天星期 + 숫자

今天星期六。
Jīntiān Xīngqīliù.

오늘은 토요일이에요.

今天星期天。
Jīntiān Xīngqītiān.

오늘은 일요일이에요.

今天星期日。
Jīntiān Xīngqīrì.

오늘은 일요일이에요.

今天礼拜一。
Jīntiān Lǐbàiyī.

오늘은 월요일이에요.

今天周三。
Jīntiān Zhōusān.

오늘은 수요일이에요.

 대화해 봐요!

A : 今天星期几? 오늘은 무슨 요일이니?
Jīntiān xīngqī jǐ?

B : 今天礼拜一。 오늘은 월요일이야。
Jīntiān Lǐbàiyī.

你几点开会?

당신은 몇 시에 회의해요?

어떠한 동작이 행해지는 시간을 묻는 표현이에요. 여기에서 '开会'는 '开始会议'의 줄임 표현으로 '회의를 시작하다'라는 뜻이에요.

你几点 + A

你几点开会?
Nǐ jǐ diǎn kāihuì?

당신은 몇 시에 회의해요?

你几点开始上课?
Nǐ jǐ diǎn kāishǐ shàngkè?

당신은 몇 시에 수업해요?

你几点下课?
Nǐ jǐ diǎn xiàkè?

당신은 몇 시에 수업이 끝나요?

你几点起床?
Nǐ jǐ diǎn qǐchuáng?

당신은 몇 시에 일어나요?

你几点睡觉?
Nǐ jǐ diǎn shuìjiào?

당신은 몇 시에 자요?

 대화해 봐요!

A : 你几点起床? 너는 몇 시에 일어나니?
　　Nǐ jǐ diǎn qǐchuáng?

B : 早上六点起床。 아침 6시에 일어나.
　　Zǎoshang liù diǎn qǐchuáng.

现在三点二十分。

지금은 3시 20분이에요.

현재 몇 시인지 시간을 대답하는 표현으로, '～点' 앞에 시에 해당하는 숫자를 넣고, '～分' 앞에 분에 해당하는 숫자를 넣어 대답하면 돼요. '2시'의 경우 '二点'이 아니라 '两点'으로 표현한다는 점에 주의하세요.

现在 + 숫자 + 点 + 숫자 + 分

现在三点二十分。
Xiànzài sān diǎn èrshí fēn.

지금은 3시 20분이에요.

现在六点十分。
Xiànzài liù diǎn shí fēn.

지금은 6시 10분이에요.

现在五点十三分。
Xiànzài wǔ diǎn shísān fēn.

지금은 5시 13분이에요.

现在十一点半。
Xiànzài shíyī diǎn bàn.

지금은 11시 반이에요.

现在两点四十分。
Xiànzài liǎng diǎn sìshí fēn.

지금은 2시 40분이에요.

 대화해 봐요!

A : 现在几点? 지금 몇 시니?
Xiànzài jǐ diǎn?

B : 现在两点四十分。 지금은 2시 40분이야.
Xiànzài liǎng diǎn sìshí fēn.

CHAPTER 32

★ 어순에 맞게 배열하세요.

01. 号 / 中秋节 / 月 / 几 / 几

02. 今天 / 月 / 一 / 十九 / 号

★ 한어병음을 중국어로 바꿔 써보세요.

03. Zuótiān xīngqī jǐ?

04. Nǐ jǐ diǎn qǐchuáng?

★ 중국어를 우리말로 바꿔 써보세요.

05. 你几点开始上课?

06. 现在五点十三分。

chapter 33

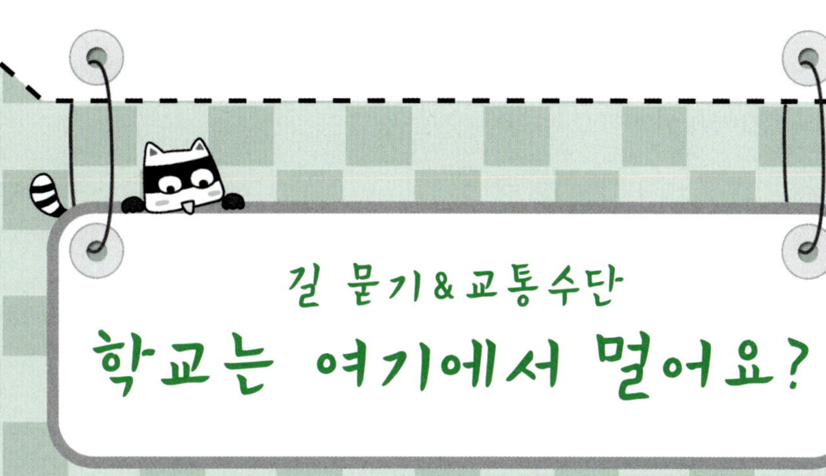

길 묻기&교통수단
학교는 여기에서 멀어요?

1 길 묻기　请问, 银行怎么走?
2 교통수단　坐公共汽车上学。

请问, 银行怎么走?

실례지만, 은행에 가려면 어떻게 가요?

낯선 곳에서 길을 물을 때 사용하는 표현이에요. '请问'은 '실례합니다, 말씀 좀 묻겠습니다' 라는 뜻이며, 행선지로 가는 교통수단을 알고 싶을 경우에는 '怎么走' 대신 '怎么去'로 물어보면 돼요.

请问 + 장소 + 怎么走

请问, 银行怎么走?
Qǐngwèn, yínháng zěnme zǒu?

실례지만, 은행에 가려면 어떻게 가요?

请问, 机场怎么走?
Qǐngwèn, jīchǎng zěnme zǒu?

실례지만, 공항에 가려면 어떻게 가요?

请问, 邮局怎么走?
Qǐngwèn, yóujú zěnme zǒu?

실례지만, 우체국에 가려면 어떻게 가요?

请问, 动物园怎么去?
Qǐngwèn, dòngwùyuán zěnme qù?

실례지만, 동물원에 어떻게 가요?

请问, 市政府怎么去?
Qǐngwèn, shìzhèngfǔ zěnme qù?

실례지만, 시청에 어떻게 가요?

 대화해 봐요!

A : **请问, 银行怎么走?** 말씀 좀 묻겠습니다, 은행에 가려면 어떻게 가요?
Qǐngwèn, yínháng zěnme zǒu?

B : **往前走就到了。** 앞으로 가면 바로 도착해요.
Wǎng qián zǒu jiù dào le.

~(쪽)으로 가면 바로 도착해요

往前走就到了。

앞으로 가면 바로 도착해요.

길 안내를 할 때 유용하게 쓸 수 있는 표현이에요. 전치사 '往~'은 '~(쪽)으로 (향하여)'라는 뜻으로, 뒤에 방향사를 붙여서 같이 사용하는데, 주의할 점은 뒤에 나오는 명사로 사람은 올 수 없으며, 방향사가 '左'나 '右'일 경우 동사는 '走'가 아닌 '꺾다, 돌다'라는 뜻의 '拐'를 사용해야 해요.

往 + 방향사 + 走就到了

往前走就到了。
Wǎng qián zǒu jiù dào le.

앞으로 가면 바로 도착해요.

往上走就到了。
Wǎng shàng zǒu jiù dào le.

위로 올라가면 바로 도착해요.

往下走就到了。
Wǎng xià zǒu jiù dào le.

아래로 내려가면 바로 도착해요.

往右拐就到了。
Wǎng yòu guǎi jiù dào le.

오른쪽으로 돌면 바로 도착해요.

往左拐就到了。
Wǎng zuǒ guǎi jiù dào le.

왼쪽으로 돌면 바로 도착해요.

 대화해 봐요!

A : **请问, 邮局怎么走?** 말씀 좀 묻겠습니다, 우체국에 가려면 어떻게 가요?
Qǐngwèn, yóujú zěnme zǒu?

B : **往上走就到了。** 위로 올라가면 바로 도착해요.
Wǎng shàng zǒu jiù dào le.

超市在哪儿?

슈퍼마켓은 어디에 있어요?

사람이나 사물의 위치를 묻는 표현이에요. 이 문장에서 '在'는 동사로 쓰여 '~에 있다'라는 뜻이며, '어디'라는 뜻의 의문대사 '哪儿'은 '哪里'라고 쓰기도 해요.

주어 + 在哪儿

超市在哪儿?
Chāoshì zài nǎr?

슈퍼마켓은 어디에 있어요?

书店在哪儿?
Shūdiàn zài nǎr?

서점은 어디에 있어요?

花店在哪儿?
Huādiàn zài nǎr?

꽃집은 어디에 있어요?

面包店在哪里?
Miànbāodiàn zài nǎli?

빵집은 어디에 있어요?

美容院在哪里?
Měiróngyuàn zài nǎli?

미용실은 어디에 있어요?

 대화해 봐요!

A : **花店在哪儿?** 꽃집은 어디에 있니?
　　 Huādiàn zài nǎr?

B : **在对面。** 맞은편에 있어.
　　 Zài duìmiàn.

在这儿。

여기에 있어요.

사람이나 사물의 위치를 나타내는 표현으로 그 장소를 동사 '在' 뒤에 놓으면 돼요. '여기, 이곳'이라는 뜻의 방향사 '这儿'은 '这里'나 '这边'으로 바꿔 쓸 수 있어요.

在 + 장소/방향사

在这儿。 Zài zhèr.	여기에 있어요.
在那儿。 Zài nàr.	저기에 있어요.
在左边。 Zài zuǒbiān.	왼쪽에 있어요.
在右边。 Zài yòubiān.	오른쪽에 있어요.
在旁边。 Zài pángbiān.	옆에 있어요.

 대화해 봐요!

A : 书店在哪儿? 서점은 어디에 있니?
　　Shūdiàn zài nǎr?

B : 在那儿。 저기에 있어.
　　Zài nàr.

 115

学校离这儿远吗?

학교는 여기에서 멀어요?

어떤 장소가 현재 자신의 위치로부터 멀리 떨어져 있는지 물어보는 표현이에요. 전치사 '离~' 뒤에는 장소나 시간을 나타내는 말이 올 수 있어요. 여기에서는 '~离这儿远吗' 앞에 다양한 장소를 넣어 여기로부터 그 장소와의 공간적 거리가 먼지 여부를 묻는 표현을 연습해 보도록 해요.

장소 + 离这儿远吗

学校离这儿远吗?
Xuéxiào lí zhèr yuǎn ma?

학교는 여기에서 멀어요?

医院离这儿远吗?
Yīyuàn lí zhèr yuǎn ma?

병원은 여기에서 멀어요?

药房离这儿远吗?
Yàofáng lí zhèr yuǎn ma?

약국은 여기에서 멀어요?

地铁站离这儿远吗?
Dìtiězhàn lí zhèr yuǎn ma?

지하철역은 여기에서 멀어요?

图书馆离这儿远吗?
Túshūguǎn lí zhèr yuǎn ma?

도서관은 여기에서 멀어요?

 대화해 봐요!

A : 地铁站离这儿远吗? 지하철역은 여기에서 머니?
　　Dìtiězhàn lí zhèr yuǎn ma?

B : 不远。안 멀어.
　　Bù yuǎn.

不远。

멀지 않아요.

부정부사 '不'는 '~하지 않다'라는 뜻으로, 뒤에 나오는 동사나 형용사를 부정하는 역할을 해요.

不 + 형용사

不远。 Bù yuǎn.	멀지 않아요.
不近。 Bú jìn.	가깝지 않아요.
不大。 Bú dà.	크지 않아요.
不小。 Bù xiǎo.	작지 않아요.
不长。 Bù cháng.	길지 않아요.

 대화해 봐요!

A : 医院离这儿近吗? 병원은 여기에서 가깝니?
Yīyuàn lí zhèr jìn ma?

B : 不近。 가깝지 않아요.
Bú jìn.

你怎么上学?

당신은 어떻게 학교에 가요?

의문대사 '怎么'는 '어떻게'라는 뜻으로, 동사 앞에 쓰여 그 동작이 행해지는 수단과 방법을 물을 때 사용해요.

你怎么 +A

你怎么上学?
Nǐ zěnme shàngxué?

당신은 어떻게 학교에 가요?

你怎么上班?
Nǐ zěnme shàngbān?

당신은 어떻게 출근해요?

你怎么减肥?
Nǐ zěnme jiǎnféi?

당신은 어떻게 다이어트해요?

你怎么解除压力?
Nǐ zěnme jiěchú yālì?

당신은 스트레스를 어떻게 해소해요?

你怎么打发时间?
Nǐ zěnme dǎfa shíjiān?

당신은 어떻게 시간을 때우나요?

 대화해 봐요!

A : 你怎么上班? 너는 어떻게 출근하니?
    Nǐ zěnme shàngbān?

B : 我开车上班。 나는 차를 운전해서 출근해.
    Wǒ kāichē shàngbān.

坐公共汽车上学。

버스를 타고 학교에 가요.

'~을 타다'라는 뜻으로, 일반적으로 교통수단에 사용되는 동사에는 '坐'가 있는데, 다리를 벌리고 타는 자전거나 오토바이, 말 같은 경우에는 '坐' 대신 '骑'를 사용해야 한다는 점에 주의하세요.

坐 + 교통수단 + 上学

坐公共汽车上学。
Zuò gōnggòng qìchē shàngxué.

버스를 타고 학교에 가요.

坐出租汽车上学。
Zuò chūzū qìchē shàngxué.

택시를 타고 학교에 가요.

坐地铁上学。
Zuò dìtiě shàngxué.

지하철을 타고 학교에 가요.

骑自行车上学。
Qí zìxíngchē shàngxué.

자전거를 타고 학교에 가요.

骑摩托车上学。
Qí mótuōchē shàngxué.

오토바이를 타고 학교에 가요.

 대화해 봐요!

A : 你坐什么上学? 너는 무엇을 타고 학교에 가니?
　　Nǐ zuò shénme shàngxué?

B : 坐地铁上学。 지하철을 타고 학교에 가.
　　Zuò dìtiě shàngxué.

203

119

上班要多长时间?

출근하는 데 시간이 얼마나 걸려요?

어떠한 동작을 행하는 데 시간이 얼마나 소요되는지 묻는 표현이에요. '要'는 '(시간이) 필요하다, 소요되다'라는 뜻으로 '得'와 바꿔 쓸 수 있으며, '多'는 '많다'라는 뜻 이외에 형용사 앞에 쓰여 '얼마나'라는 뜻으로 해석돼요.

A + 要多长时间

上班要多长时间?
Shàngbān yào duō cháng shíjiān?
출근하는 데 시간이 얼마나 걸려요?

上学要多长时间?
Shàngxué yào duō cháng shíjiān?
학교 가는 데 시간이 얼마나 걸려요?

吃饭要多长时间?
Chīfàn yào duō cháng shíjiān?
밥 먹는 데 시간이 얼마나 걸려요?

洗澡得多长时间?
Xǐzǎo děi duō cháng shíjiān?
샤워하는 데 시간이 얼마나 걸려요?

做作业得多长时间?
Zuò zuòyè děi duō cháng shíjiān?
숙제하는 데 시간이 얼마나 걸려요?

대화해 봐요!

A : **上班要多长时间?** 출근하는 데 시간이 얼마나 걸리니?
Shàngbān yào duō cháng shíjiān?

B : **要两个小时。** 두 시간 걸려.
Yào liǎng ge xiǎoshí.

要一(个)小时。

한 시간 걸려요.

소요되는 시간을 말하는 표현이에요. '小时'는 '시간'이라는 뜻으로 '钟头'와 바꿔 쓸 수 있어요. '小时'는 양사 '个'를 생략할 수 있지만, '钟头'는 생략할 수 없다는 점에 주의하세요.

要 + 숫자 + (个)小时

要一(个)小时。
Yào yí (ge) xiǎoshí.

한 시간 걸려요.

要两个小时。
Yào liǎng ge xiǎoshí.

두 시간 걸려요.

要三(个)小时。
Yào sān (ge) xiǎoshí.

세 시간 걸려요.

要四个钟头。
Yào sì ge zhōngtóu.

네 시간 걸려요.

要五个钟头。
Yào wǔ ge zhōngtóu.

다섯 시간 걸려요.

대화해 봐요!

A : 上学要多长时间? 학교 가는 데 시간이 얼마나 걸리니?
Shàngxué yào duō cháng shíjiān?

B : 要一(个)小时。 한 시간 걸려.
Yào yí (ge) xiǎoshí.

★ 어순에 맞게 배열하세요.

01. 银行 / 怎么 / 请问 / 走

02. 远 / 图书馆(주어) / 这儿 / 吗 / 离

★ 한어병음을 중국어로 바꿔 써보세요.

03. Wǎng xià zǒu jiù dào le.

04. Chīfàn yào duō cháng shíjiān?

★ 중국어를 우리말로 바꿔 써보세요.

05. 骑摩托车上学。

06. 要四个钟头。

chapter 34

쇼핑 & 식사

좀 깎아주세요.

1 쇼핑　이 个多少钱?
2 식사　你吃饭了吗?

我想买衣服。

나는 옷을 사고 싶어요.

조동사 '想'은 동사 앞에 쓰여 '~하고 싶다'라는 뜻을 나타내는데, '想' 대신 '~하려고 하다, ~하고 싶다'라는 뜻을 가진 조동사 '要'로 바꿔 쓸 수 있어요. 여기에서는 '我想买~' 뒤에 자신이 사고 싶은 것을 넣어 무엇이 사고 싶은지 말하는 표현을 연습해 보도록 해요.

我想买 + 사고 싶은 것

我想买衣服。 Wǒ xiǎng mǎi yīfu.	나는 옷을 사고 싶어요.
我想买皮包。 Wǒ xiǎng mǎi píbāo.	나는 가죽 가방을 사고 싶어요.
我想买手表。 Wǒ xiǎng mǎi shǒubiǎo.	나는 손목시계를 사고 싶어요.
我要买鞋子。 Wǒ yào mǎi xiézi.	나는 신발을 사고 싶어요.
我要买钱包。 Wǒ yào mǎi qiánbāo.	나는 지갑을 사고 싶어요.

 대화해 봐요!

A : **你想买什么?** 너는 무엇을 사고 싶니?
　　Nǐ xiǎng mǎi shénme?

B : **我想买手表。** 나는 손목시계를 사고 싶어.
　　Wǒ xiǎng mǎi shǒubiǎo.

122

这个帽子怎么样?

이 모자 어때요?

'怎么样'은 주어의 상태가 어떠한지를 묻거나, 상대방의 생각이나 의견을 물을 때 사용하는 표현이에요. 여기에서는 '~怎么样' 앞에 다양한 주어를 넣어 주어에 대한 상대방의 생각을 묻는 표현을 연습해 보도록 해요.

这个 + 명사 + 怎么样

这个帽子怎么样? Zhège màozi zěnmeyàng?	이 모자 어때요?
这个眼镜怎么样? Zhège yǎnjìng zěnmeyàng?	이 안경 어때요?
这个太阳镜怎么样? Zhège tàiyángjìng zěnmeyàng?	이 선글라스 어때요?
这个手套怎么样? Zhège shǒutào zěnmeyàng?	이 장갑 어때요?
这个围巾怎么样? Zhège wéijīn zěnmeyàng?	이 목도리 어때요?

대화해 봐요!

A : 这个太阳镜怎么样? 이 선글라스 어떠니?
　　Zhège tàiyángjìng zěnmeyàng?

B : 很好看。(매우) 예뻐.
　　Hěn hǎokàn.

这个多少钱?

이것은 얼마예요?

'多少钱?'은 '얼마예요?'라는 뜻으로, 가격을 묻는 대표적인 표현이에요. 의문대사 '多少'는 '几'와 달리 10 이상의 수를 물을 때 사용해요.

주어 + 多少钱

这个多少钱? Zhège duōshao qián?	이것은 얼마예요?
那个多少钱? Nàge duōshao qián?	저(그)것은 얼마예요?
铅笔多少钱? Qiānbǐ duōshao qián?	연필은 얼마예요?
钢笔多少钱? Gāngbǐ duōshao qián?	만년필은 얼마예요?
橡皮多少钱? Xiàngpí duōshao qián?	지우개는 얼마예요?

대화해 봐요!

A : 铅笔多少钱? 연필은 얼마니?
　　Qiānbǐ duōshao qián?

B : 三块(钱)。 3위안이야.
　　Sān kuài (qián).

五十块(钱)。

50위안이에요.

중국의 화폐 단위는 '元'이며 말할 때는 '块'를 사용하는데 뒤에 '钱'을 붙여서 '块钱'이라고 말하기도 해요. '块'의 1/10은 '毛'이고, '毛'의 1/10은 '分'이에요.

숫자 + 块(钱)

五十块(钱)。 Wǔshí kuài (qián).	50위안이에요.
三百块(钱)。 Sānbǎi kuài (qián).	300위안이에요.
九十九块(钱)。 Jiǔshíjiǔ kuài (qián).	99위안이에요.
七块八(毛)。 Qī kuài bā (máo).	7위안 8마오예요.
十一块六(毛)。 Shíyī kuài liù (máo).	11위안 6마오예요.

 대화해 봐요!

A : 那个多少钱? 저(그)것은 얼마니?
　　Nàge duōshao qián?

B : 九十九块(钱)。 99위안이야.
　　Jiǔshíjiǔ kuài (qián)

有点儿贵。

조금 비싸요.

'有点儿'은 '조금, 약간'이라는 뜻으로, 형용사 앞에 쓰여 주로 만족스럽지 못하거나 부정적인 상황을 나타내요.

有点儿 + 형용사

有点儿贵。 Yǒudiǎnr guì.	조금 비싸요.
有点儿短。 Yǒudiǎnr duǎn.	조금 짧아요.
有点儿冷。 Yǒudiǎnr lěng.	조금 추워요.
有点儿热。 Yǒudiǎnr rè.	조금 더워요.
有点儿饿。 Yǒudiǎnr è.	배가 좀 고파요.

 대화해 봐요!

A : 今天天气怎么样? 오늘 날씨가 어떠니?
　　Jīntiān tiānqì zěnmeyàng?

B : 有点儿冷。 조금 추워.
　　Yǒudiǎnr lěng.

便宜点儿吧。

좀 깎아주세요.

'一点儿'은 술어 뒤에 사용되어 주로 '一'를 생략하고 발음하며, '有点儿'과 같이 '조금, 약간'이라는 뜻을 나타내지만, '有点儿'처럼 불만족스럽거나 부정적인 상황에 사용해야 한다는 제약이 없어요.

술어 + 点儿吧

便宜点儿吧。 Piányi diǎnr ba.	좀 깎아주세요.
多吃点儿吧。 Duō chī diǎnr ba.	많이 좀 먹어요.
多穿点儿吧。 Duō chuān diǎnr ba.	옷을 많이(따뜻하게) 좀 입어요.
安静点儿吧。 Ānjìng diǎnr ba.	조용히 좀 해요.
冷静点儿吧。 Lěngjìng diǎnr ba.	진정 좀 해요.

대화해 봐요!

A : 一千块(钱)。 1,000위안이에요.
　　Yìqiān kuài (qián).

B : 太贵了, 便宜点儿吧。 너무 비싸네요, 좀 깎아주세요.
　　Tài guì le, piányi diǎnr ba.

213

你吃饭了吗?

밥 먹었어요?

'~했어요?'라는 뜻으로, 상대방에게 어떠한 동작을 했는지 여부를 묻는 표현이에요. 조사 '了'는 동작의 완료나 새로운 상황의 출현 및 변화를 나타내요.

你 + A + 了吗

你吃饭了吗? Nǐ chīfàn le ma?	밥 먹었어요?
你喝酒了吗? Nǐ hē jiǔ le ma?	술 마셨어요?
你看书了吗? Nǐ kàn shū le ma?	책 읽었어요?
你预习了吗? Nǐ yùxí le ma?	예습했어요?
你复习了吗? Nǐ fùxí le ma?	복습했어요?

 대화해 봐요!

A : **你预习了吗?** 너 예습했니?
　　Nǐ yùxí le ma?

B : 嗯，我预习了。 응, 예습했어.
　　Ng, wǒ yùxí le.

我吃饭了。

나는 밥을 먹었어요.

'나는 ~을(를) 먹었어요'라는 뜻으로 자신이 무엇을 먹었는지 답하는 표현이에요.

我吃 + 음식 + 了

我吃饭了。 Wǒ chīfàn le.	나는 밥을 먹었어요.
我吃面条了。 Wǒ chī miàntiáo le.	나는 국수를 먹었어요.
我吃面包了。 Wǒ chī miànbāo le.	나는 빵을 먹었어요.
我吃方便面了。 Wǒ chī fāngbiànmiàn le.	나는 라면을 먹었어요.
我吃水果了。 Wǒ chī shuǐguǒ le.	나는 과일을 먹었어요.

 대화해 봐요!

A : 你吃什么了? 너 뭐 먹었니?
　　Nǐ chī shénme le?

B : 我吃水果了。 나는 과일을 먹었어.
　　Wǒ chī shuǐguǒ le.

还没(有)吃(呢)。

아직 안 먹었어요.

　어떤 사건이나 상황이 아직 발생하지 않았지만 곧 일어날 것임을 나타내는 표현으로, '아직' 이라는 뜻의 부사 '还'는 종종 어기조사 '呢'와 함께 쓰여요. 여기에서 '没(有)'는 과거를 부정할 때 사용하는데, 이때 동작의 완료를 나타내는 조사 '了'는 반드시 생략해야 해요.

还没(有) + A + (呢)

还没(有)吃(呢)。
Hái méi(yǒu) chī (ne).
아직 안 먹었어요.

还没(有)喝(呢)。
Hái méi(yǒu) hē (ne).
아직 안 마셨어요.

还没(有)看(呢)。
Hái méi(yǒu) kàn (ne).
아직 안 읽었어요.

还没(有)预习(呢)。
Hái méi(yǒu) yùxí (ne).
예습 아직 못 했어요.

还没(有)复习(呢)。
Hái méi(yǒu) fùxí (ne).
복습 아직 못 했어요.

 대화해 봐요!

A : 你复习了吗? 너 복습했니?
　　Nǐ fùxí le ma?

B : 还没(有)复习(呢)。 복습 아직 못 했어.
　　Hái méi(yǒu) fùxí (ne).

来一碗炸酱面。

자장면 한 그릇 주세요.

'오다'라는 뜻의 동사 '来'는 '(어떤 동작이나 행동을) 하다'라는 뜻의 대동사 역할을 하기도 하는데, 대동사 '来' 뒤에 음식명을 붙이면 '~ 주세요'라는 뜻이 돼요. 여기에서는 '来~' 뒤에 다양한 음식을 넣어 식당에서 주문하는 표현을 연습해 보도록 해요.

来 + 수사 + 양사 + 음식명

来一碗炸酱面。
Lái yì wǎn zhájiàngmiàn.

자장면 한 그릇 주세요.

来一碗麻婆豆腐。
Lái yì wǎn mápó dòufu.

마파두부 한 접시 주세요.

来一碗米饭。
Lái yì wǎn mǐfàn.

공깃밥(쌀밥) 한 그릇 주세요.

来一瓶啤酒。
Lái yì píng píjiǔ.

맥주 한 병 주세요.

来一瓶葡萄酒。
Lái yì píng pútáojiǔ.

와인 한 병 주세요.

대화해 봐요!

A : **服务员，来一瓶啤酒。** 종업원, 맥주 한 병 주세요.
　　Fúwùyuán, lái yì píng píjiǔ.

B : **好的。** 알겠습니다.
　　Hǎo de.

★ 어순에 맞게 배열하세요.

01. 想 / 买 / 钱包 / 我

____

02. 手套 / 怎么样 / 这个

____

★ 한어병음을 중국어로 바꿔 써보세요.

03. Zhège duōshao qián?

____

04. Lái yì wǎn mǐfàn.

____

★ 중국어를 우리말로 바꿔 써보세요.

05. 冷静点儿吧。

____

06. 你复习了吗?

____

chapter 35

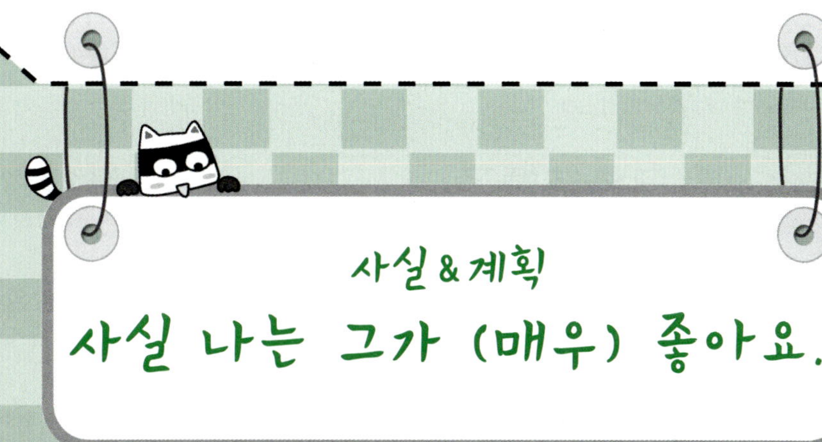

① 사실　　　其实我很喜欢他。

② 계획　　　我打算去中国旅游。

其实我很喜欢他。

사실 나는 그가 (매우) 좋아요.

'其实'는 '사실은'이라는 뜻으로, 이전 혹은 그동안의 상황과 다른 사실을 말하기에 앞서 사용하는 말이에요.

其实 + A

其实我很喜欢他。
Qíshí wǒ hěn xǐhuan tā.

사실 나는 그가 (매우) 좋아요.

其实我已经结婚了。
Qíshí wǒ yǐjīng jiéhūn le.

사실 나는 이미 결혼했어요.

其实他也知道这个事实。
Qíshí tā yě zhīdao zhège shìshí.

사실 그도 이 사실을 알아요.

其实她是整容的。
Qíshí tā shì zhěngróng de.

사실 그녀는 성형을 했어요.

其实他们也会说汉语。
Qíshí tāmen yě huì shuō Hànyǔ.

사실 그들도 중국어를 할 줄 알아요.

 대화해 봐요!

A : 我觉得她很漂亮。 나는 그녀가 예쁘다고 생각해.
　　Wǒ juéde tā hěn piàoliang.

B : 其实她是整容的。 사실 그녀는 성형했어.
　　Qíshí tā shì zhěngróng de.

听说他去中国旅游了。

듣자하니, 그는 중국으로 여행을 갔대요.

　동사 '听说'는 '듣자하니'라는 뜻으로, 제3자에게 들은 소식을 상대방에게 전달할 때 사용하는 관용적인 표현이에요. '听'과 '说' 사이에 그 소식을 말해준 사람을 넣어 '~에게 듣자하니'라는 표현으로도 말할 수 있어요.

听说 + A

听说他去中国旅游了。
Tīngshuō tā qù Zhōngguó lǚyóu le.

듣자하니, 그는 중국으로 여행을 갔대요.

听说她考上公务员了。
Tīngshuō tā kǎoshàng gōngwùyuán le.

듣자하니, 그녀는 공무원 시험에 합격했대요.

听说他们已经结婚了。
Tīngshuō tāmen yǐjīng jiéhūn le.

듣자하니, 그들은 이미 결혼했대요.

听他说她出国留学了。
Tīng tā shuō tā chūguó liúxué le.

그에게 듣자하니, 그녀는 유학 갔대요.

听她说他买了一辆车。
Tīng tā shuō tā mǎile yí liàng chē.

그녀에게 듣자하니, 그는 차를 한 대 샀대요.

 대화해 봐요!

A : 最近她怎么样? 요즘 그녀는 어때?
　　Zuìjìn tā zěnmeyàng?

B : 听说她考上公务员了。 듣자하니, 그녀는 공무원 시험에 합격했대.
　　Tīngshuō tā kǎoshàng gōngwùyuán le.

221

我差点儿(没)摔倒。

나는 하마터면 넘어질 뻔 했어요.

부사 '差点儿'은 '하마터면'이란 뜻으로, 바라지 않거나 부정적인 상황 앞에 놓여 그 상황이 발생되지 않았음을 나타내며, 이때 동사 앞에 부정부사 '没'가 있어도 그 뜻은 변함이 없어요. 반대로 '差点儿' 뒤에 일어났으면 하고 바라는 긍정적인 상황이 온다면 그 상황이 발생하지 않음을 나타내고, 동사 앞에 부정부사 '没'가 오면 오히려 그 상황이 발생됐음을 나타내요.

我差点儿(没) + A

我差点儿(没)摔倒。
Wǒ chàdiǎnr (méi) shuāidǎo.

나는 하마터면 넘어질 뻔 했어요.

我差点儿(没)迟到。
Wǒ chàdiǎnr (méi) chídào.

나는 하마터면 지각할 뻔 했어요.

我差点儿(没)死。
Wǒ chàdiǎnr (méi) sǐ.

나는 하마터면 죽을 뻔 했어요.

我差点儿没买到火车票。
Wǒ chàdiǎnr méi mǎidào huǒchēpiào.

나는 하마터면 기차표를 못 살 뻔 했어요.

我差点儿没考上大学。
Wǒ chàdiǎnr méi kǎoshàng dàxué.

나는 하마터면 대학에 떨어질 뻔 했어요.

 대화해 봐요!

A : 你买到火车票了吗？ 너는 기차표 샀니?
Nǐ mǎidào huǒchēpiào le ma?

B : 嗯，我差点儿没买到火车票。 응, 나는 하마터면 기차표를 못 살 뻔 했어.
Ng, wǒ chàdiǎnr méi mǎidào huǒchēpiào.

我从来没去过美国。

나는 여태껏 미국에 가 본 적이 없어요.

부사 '从来'는 '여태껏'이라는 뜻으로, 부정부사 '没'와 함께 쓰여 지금까지 그 행위를 한 적이 전혀 없음을 나타내요.

我从来没 + 동사 + 过 + (목적어)

我从来没去过美国。
Wǒ cónglái méi qùguo Měiguó.
　　나는 여태껏 미국에 가 본 적이 없어요.

我从来没见过她。
Wǒ cónglái méi jiànguo tā.
　　나는 여태껏 그녀를 만나본 적이 없어요.

我从来没吃过这个菜。
Wǒ cónglái méi chīguo zhège cài.
　　나는 여태껏 이 음식을 먹어본 적이 없어요.

我从来没听过这件事。
Wǒ cónglái méi tīngguo zhè jiàn shì.
　　나는 여태껏 이 일을 들어본 적이 없어요.

我从来没迟到过。
Wǒ cónglái méi chídàoguo.
　　나는 여태껏 지각을 해본 적이 없어요.

 대화해 봐요!

A : 你吃过这个菜吗? 너 이 음식 먹어봤니?
　　Nǐ chīguo zhège cài ma?

B : 我从来没吃过这个菜。 나는 여태껏 이 음식을 먹어본 적이 없어.
　　Wǒ cónglái méi chīguo zhège cài.

我打算去中国旅游。

나는 중국으로 여행 갈 계획이에요.

'打算'은 '계획'이라는 명사의 뜻도 있지만, 동사 앞에 놓여 '~할 계획이다, ~할 예정이다' 라는 뜻의 동사로도 쓰여요. 이때 '打算' 뒤에 오는 말은 반드시 동사나 동사구가 와야 해요.

我打算 + A

我打算去中国旅游。
Wǒ dǎsuan qù Zhōngguó lǚyóu.

나는 중국으로 여행 갈 계획이에요.

我打算明年出国留学。
Wǒ dǎsuan míngnián chūguó liúxué.

나는 내년에 유학을 갈 계획이에요.

我打算买一辆车。
Wǒ dǎsuan mǎi yí liàng chē.

나는 차를 한 대 살 계획이에요.

我打算报考公务员。
Wǒ dǎsuan bàokǎo gōngwùyuán.

나는 공무원 시험을 볼 계획이에요.

我打算明年结婚。
Wǒ dǎsuan míngnián jiéhūn.

나는 내년에 결혼을 할 계획이에요.

 대화해 봐요!

A : 你打算去哪儿旅游? 너는 어디로 여행 갈 계획이니?
Nǐ dǎsuan qù nǎr lǚyóu?

B : 我打算去中国旅游。 나도 중국으로 여행 갈 계획이야.
Wǒ dǎsuan qù Zhōngguó lǚyóu.

我正要去接你。

나는 막 당신을 마중 나갈 참이었어요.

'正要'는 '마침 ~할 참이다, 이제 막 ~하려던 참이다'라는 뜻으로, 곧 발생할 일이나 하려고 마음 먹었던 일을 말할 때 사용하는 표현이에요.

我正要 + A

我正要去接你。
Wǒ zhèng yào qù jiē nǐ.

나는 막 당신을 마중 나갈 참이었어요.

我正要找你。
Wǒ zhèng yào zhǎo nǐ.

나는 막 당신을 찾아가려던 참이었어요.

我正要告诉你。
Wǒ zhèng yào gàosu nǐ.

나는 막 당신에게 말하려던 참이었어요.

我正要吃晚饭。
Wǒ zhèng yào chī wǎnfàn.

나는 막 저녁을 먹으려던 참이었어요.

我正要回家。
Wǒ zhèng yào huí jiā.

나는 막 집으로 돌아가려던 참이었어요.

 대화해 봐요!

A : 你吃晚饭了吗? 너 저녁 먹었니?
　　Nǐ chī wǎnfàn le ma?

B : 我正要吃晚饭。 나는 막 저녁을 먹으려던 참이야.
　　Wǒ zhèng yào chī wǎnfàn.

★ 어순에 맞게 배열하세요.

01. 我 / 其实 / 结婚 / 已经 / 了

____

02. 听说 / 上 / 她 / 公务员 / 考 / 了

____

★ 한어병음을 중국어로 바꿔 써보세요.

03. Wǒ chàdiǎnr méi kǎoshàng dàxué.

____

04. Wǒ cónglái méi tīngguo zhè jiàn shì.

____

★ 중국어를 우리말로 바꿔 써보세요.

05. 我打算报考公务员。

____

06. 我正要回家。

____

chapter 36

1 생각   有的时候, 我也想休息。

2 의견   这部电影值得一看。

我觉得她很漂亮。

나는 그녀가 예쁘다고 생각해요.

동사 '觉得'는 '~라고 생각한다, ~라고 느끼다, ~인 것 같다'라는 뜻으로, 뒤에 '주어+술어'로 이루어진 절이 와서 말하는 사람의 주관적인 견해나 생각을 나타내요.

我觉得 + A

我觉得她很漂亮。
Wǒ juéde tā hěn piàoliang.

나는 그녀가 예쁘다고 생각해요.

我觉得这件衣服太贵了。
Wǒ juéde zhè jiàn yīfu tài guì le.

나는 이 옷이 너무 비싸다고 생각해요.

我觉得抽烟对身体不好。
Wǒ juéde chōu yān duì shēntǐ bù hǎo.

나는 흡연이 몸에 안 좋다고 생각해요.

我觉得中国菜很好吃。
Wǒ juéde Zhōngguócài hěn hǎochī.

나는 중국음식이 맛있다고 생각해요.

我觉得数学非常难。
Wǒ juéde shùxué fēicháng nán.

나는 수학이 아주 어렵다고 생각해요.

 대화해 봐요!

A : 我觉得中国菜很好吃。 나는 중국음식이 맛있다고 생각해.
Wǒ juéde Zhōngguócài hěn hǎochī.

B : 我也很喜欢吃中国菜。 나도 중국음식을 좋아해.
Wǒ yě hěn xǐhuan chī Zhōngguócài.

有的时候，我想他。

가끔 나는 그가 보고 싶어요.

'有的时候'는 '가끔, 때로는'이라는 뜻으로, 발생빈도가 비교적 적은 일을 나타내는 표현이에요. '有的时候'는 '有时候'와 '有时'의 형태로도 쓰여요.

有的时候 + A

有的时候，我想他。
Yǒude shíhou, wǒ xiǎng tā.

가끔 나는 그가 보고 싶어요.

有的时候，我很孤独。
Yǒude shíhou, wǒ hěn gūdú.

가끔 나는 외로워요.

有的时候，我也想哭。
Yǒude shíhou, wǒ yě xiǎng kū.

가끔 나도 울고 싶어요.

有时候，我也想休息。
Yǒu shíhou, wǒ yě xiǎng xiūxi.

가끔 나도 쉬고 싶어요.

有时候，我什么都不想干。
Yǒu shíhou, wǒ shénme dōu bù xiǎng gàn.

가끔 나는 아무것도 하고 싶지 않아요.

 대화해 봐요!

A : 你不孤独吗? 너 안 외롭니?
Nǐ bù gūdú ma?

B : 有的时候，我很孤独。 가끔 외로워.
Yǒude shíhou, wǒ hěn gūdú.

对我来说，这个很重要。

나한테 이것은 매우 중요해요.

'对我来说'는 '나한테는, 나에게 있어서'라는 뜻으로, 어떤 사물이나 사건에 대해 나의 입장에서 주관적으로 말할 때 사용하는 표현이에요.

对我来说 +A

对我来说，这个很重要。
Duì wǒ lái shuō, zhège hěn zhòngyào.

나한테 이것은 매우 중요해요.

对我来说，这个很有意义。
Duì wǒ lái shuō, zhège hěn yǒu yìyì.

나한테 이것은 매우 의미가 있어요.

对我来说，这是我的全部。
Duì wǒ lái shuō, zhè shì wǒ de quánbù.

나에게 있어서 이것은 내 전부예요.

对我来说，这不算什么。
Duì wǒ lái shuō, zhè bú suàn shénme.

나한테 이것은 아무것도 아니에요.

对我来说，这很特别。
Duì wǒ lái shuō, zhè hěn tèbié.

나한테 이것은 매우 특별해요.

 대화해 봐요!

A : 这算什么啊? 이게 뭐가 중요하니?
Zhè suàn shénme a?

B : 对我来说，这个很重要。 나한테 이건 매우 중요해.
Duì wǒ lái shuō, zhège hěn zhòngyào.

凡是水果我都爱吃。

과일이라면 나는 다 잘 먹어요.

'凡是'는 '무릇, 대체로'라는 뜻으로 일정한 범위 내에서 예외없이 모두 그러함을 나타내요.
주어 앞에 쓰이며, 일반적으로 부사 '都'와 자주 함께 쓰여요.

凡是 + A + (주어) + 都 + 술어

凡是水果我都爱吃。
Fánshì shuǐguǒ wǒ dōu ài chī.
과일이라면 나는 다 잘 먹어요.

凡是学生都要努力学习。
Fánshì xuésheng dōu yào nǔlì xuéxí.
학생이라면 모두 열심히 공부해야해요.

凡是父母都爱自己的孩子。
Fánshì fùmǔ dōu ài zìjǐ de háizi.
부모들은 모두 자기 자식을 사랑해요.

凡是小宝宝都很可爱。
Fánshì xiǎo bǎobǎo dōu hěn kě'ài.
아기들은 모두 귀여워요.

凡是母爱都很伟大。
Fánshì mǔ'ài dōu hěn wěidà.
모정은 다 위대해요.

 대화해 봐요!

A : 你喜欢吃什么水果? 너는 무슨 과일을 좋아하니?
　　Nǐ xǐhuan chī shénme shuǐguǒ?

B : 凡是水果我都爱吃。 과일이라면 나는 다 잘 먹어.
　　Fánshì shuǐguǒ wǒ dōu ài chī.

这部电影值得一看。

이 영화는 한번 볼 만해요.

'值得'는 '~할 만하다, ~할 가치가 있다'라는 뜻으로, 어떠한 행동을 하는 의의나 필요성이 있음을 나타내요.

주어 + **值得** + A

这部电影值得一看。
Zhè bù diànyǐng zhídé yí kàn.

이 영화는 한번 볼 만해요.

这本书值得一读。
Zhè běn shū zhídé yì dú.

이 책은 한번 읽어볼 만해요.

他的人品值得尊敬。
Tā de rénpǐn zhídé zūnjìng.

그의 인품은 존경할 만해요.

她的成绩值得骄傲。
Tā de chéngjì zhídé jiāo'ào.

그녀의 성적은 뿌듯해할 만해요.

他们的精神值得表扬。
Tāmen de jīngshén zhídé biǎoyáng.

그들의 정신은 칭찬할 만해요.

 대화해 봐요!

A : 这部电影怎么样? 이 영화 어떠니?
　　Zhè bù diànyǐng zěnmeyàng?

B : 这部电影值得一看。 이 영화 한번 볼 만해.
　　Zhè bù diànyǐng zhídé yí kàn.

要是你也喜欢我就好了。

당신도 나를 좋아하면 좋겠어요.

'要是'는 '만약에'라는 뜻으로, '要是~就好了'는 달성 여부가 불확실한 자신의 염원이 이루어진다면 좋겠다는 뜻을 나타내는 표현이에요.

要是 + A + 就好了

要是你也喜欢我就好了。
Yàoshi nǐ yě xǐhuan wǒ jiù hǎo le.

당신도 나를 좋아하면 좋겠어요.

要是我能通过考试就好了。
Yàoshi wǒ néng tōngguò kǎoshì jiù hǎo le.

내가 시험에 합격할 수 있으면 좋겠어요.

要是我们能再见就好了。
Yàoshi wǒmen néng zàijiàn jiù hǎo le.

우리가 다시 만날 수 있었으면 좋겠어요.

要是他们也同意就好了。
Yàoshi tāmen yě tóngyì jiù hǎo le.

그들도 동의를 하면 좋겠어요.

要是我有很多钱就好了。
Yàoshi wǒ yǒu hěn duō qián jiù hǎo le.

돈이 많으면 좋겠어요.

 대화해 봐요!

A : 他们会同意吗? 그들이 동의할까?
Tāmen huì tóngyì ma?

B : 要是他们也同意就好了。 그들도 동의했으면 좋겠어.
Yàoshi tāmen yě tóngyì jiù hǎo le.

身体健康就行了。

건강하면 됐어요.

　'좋다, 가능하다, ~해도 된다'라는 뜻의 '行'은 상대방의 요구에 동의하거나 허락을 나타낼 때, '好'나 '可以'와 같은 의미로 사용돼요. 자신이 원하는 한 가지 요구조건(A)에 부합하기만 하면 만족한다는 뜻이에요.

A + 就行了

身体健康就行了。
Shēntǐ jiànkāng jiù xíng le.

건강하면 됐어요.

个子高就行了。
Gèzi gāo jiù xíng le.

키가 크면 됐어요.

有很多钱就行了。
Yǒu hěn duō qián jiù xíng le.

돈이 많으면 됐어요.

长得漂亮就行了。
Zhǎng de piàoliang jiù xíng le.

예쁘면 됐어요.

心地善良就行了。
Xīndì shànliáng jiù xíng le.

착하면 됐어요.

 대화해 봐요!

A : 你想要什么样的女朋友? 너는 어떤 여자친구를 원하니?
　　Nǐ xiǎng yào shénme yàng de nǚpéngyou?

B : 心地善良就行了。 착하면 됐어.
　　Xīndì shànliáng jiù xíng le.

A할 필요 없어요

你不用**伤心**。

상심할 필요 없어요.

조동사 '不用'은 '~할 필요 없다'라는 뜻으로 상대방이 어떠한 동작을 진행할 필요가 없음을 말할 때 사용하는 표현이에요.

你不用 + A

你不用**伤心**。 Nǐ búyòng shāngxīn.	상심할 필요 없어요.
你不用**客气**。 Nǐ búyòng kèqi.	사양할 필요 없어요.
你不用**那么认真**。 Nǐ búyòng nàme rènzhēn.	그렇게 진지할 필요 없어요.
你不用**亲自去**。 Nǐ búyòng qīnzì qù.	당신이 직접 갈 필요 없어요.
你不用**换车**。 Nǐ búyòng huàn chē.	차를 갈아탈 필요 없어요.

 대화해 봐요!

A : 我要亲自去吗? 내가 직접 가야 하니?
　　Wǒ yào qīnzì qù ma?

B : 你不用**亲自去**。 너가 직접 갈 필요 없어.
　　Nǐ búyòng qīnzì qù.

★ 어순에 맞게 배열하세요.

01. 来 / 这个 / 对 / 说 / 重要 / 很 / 我

____

02. 凡是 / 我 (주어) / 爱 / 水果 / 都 / 吃

____

★ 한어병음을 중국어로 바꿔 써보세요.

03. Yǒude shíhou, wǒ yě xiǎng kū.

____

04. Tāmen de jīngshén zhídé biǎoyáng.

____

★ 중국어를 우리말로 바꿔 써보세요.

05. 要是你也喜欢我就好了。

____

06. 个子高就行了。

____

chapter 37

1 금지　　　不要说了。
2 사과　　　对不起我来晚了！

不要说了。

말하지 말아요.

부사 '不要'는 '~하지 말라'는 뜻으로, 어기조사 '了'와 함께 쓰여 상대방의 행위에 대한 금지, 만류를 나타낼 수 있어요. '不要'와 같은 뜻의 부사에는 '别'가 있어요.

不要 + A + 了

不要说了。
Búyào shuō le.

말하지 말아요.

不要哭了。
Búyào kū le.

울지 말아요.

不要等他了。
Búyào děng tā le.

그를 기다리지 말아요.

别看电视了。
Bié kàn diànshì le.

텔레비전을 보지 말아요.

别吃这个东西了。
Bié chī zhège dōngxi le.

이것을 먹지 말아요.

 대화해 봐요!

A : 他怎么还不来呢? 그는 어째서 아직도 안 오지?
Tā zěnme hái bù lái ne?

B : **不要等他了。** 그를 기다리지 마.
Búyào děng tā le.

对不起我来晚了!

늦게 와서 미안해요!

'对不起'는 '미안하다'라는 뜻으로, 상대방에게 사과할 때 쓰는 표현이에요. 왜 미안한지, 사과하는 구체적인 이유는 '对不起' 앞, 뒤에 모두 올 수 있지만 '~해서 미안하다'라는 표현 은 보통 뒤에 써서 나타내요.

对不起 + A + 了

对不起我来晚了!
Duìbuqǐ wǒ láiwǎn le!

늦게 와서 미안해요!

对不起我骗你了!
Duìbuqǐ wǒ piàn nǐ le!

당신을 속여서 미안해요!

对不起我失约了!
Duìbuqǐ wǒ shīyuē le!

약속을 어겨서 미안해요!

对不起让你失望了!
Duìbuqǐ ràng nǐ shīwàng le!

당신을 실망시켜서 미안해요!

对不起让你伤心了!
Duìbuqǐ ràng nǐ shāngxīn le!

당신을 속상하게 해서 미안해요!

 대화해 봐요!

A : **对不起我来晚了!** 늦게 와서 미안해!
Duìbuqǐ wǒ láiwǎn le!

B : **没关系。** 괜찮아.
Méi guānxi.

★ 어순에 맞게 배열하세요.

01. 东西 / 了 / 别 / 这个 / 吃

____

02. 让 / 失望 / 了 / 对不起 / 你

____

★ 한어병음을 중국어로 바꿔 써보세요.

03. Búyào shuō le.

____

04. Duìbuqǐ wǒ láiwǎn le.

____

★ 중국어를 우리말로 바꿔 써보세요.

05. 不要等他了。

____

06. 对不起我失约了。

____

chapter 38

①	축원	祝你生日快乐！
②	감사	谢谢你帮助我！

我希望你早日康复。

나는 당신이 빨리 쾌차하길 바라요.

동사 '希望'은 '~하길 바라다'라는 뜻으로, 보통 뒤에는 '주어+술어'로 이루어진 절이 와서 그 절의 주어에 대한 바람이나 희망을 나타내요.

我希望 + A

我希望你早日康复。
Wǒ xīwàng nǐ zǎorì kāngfù.
나는 당신이 빨리 쾌차하길 바라요.

我希望你能成功。
Wǒ xīwàng nǐ néng chénggōng.
나는 당신이 성공할 수 있길 바라요.

我希望你能喜欢它。
Wǒ xīwàng nǐ néng xǐhuan tā.
그것이 당신 마음에 들길 바라요.

我希望你能幸福快乐。
Wǒ xīwàng nǐ néng xìngfú kuàilè.
나는 당신이 행복하고 즐겁길 바라요.

我希望我们能保持联系。
Wǒ xīwàng wǒmen néng bǎochí liánxì.
나는 우리가 자주 연락할 수 있길 바라요.

 대화해 봐요!

A : **我希望你早日康复。** 나는 너가 빨리 낫길 바라.
Wǒ xīwàng nǐ zǎorì kāngfù.

B : **谢谢!** 고마워!
Xièxie!

祝你生日快乐!

생일 축하해요!

'축하하다, ~하기를 빌다'라는 뜻의 동사 '祝' 뒤에 '주어+술어'로 이루어진 절이 오면 그 절 주어의 생일, 축복, 평안, 행복 등을 기원하는 표현이 돼요.

祝你 + A

祝你生日快乐! Zhù nǐ shēngrì kuàilè!	생일 축하해요!
祝你万事如意! Zhù nǐ wànshì-rúyì!	만사형통하길 빌어요!
祝你一路平安! Zhù nǐ yílù-píng'ān!	가는 길이 평안하길 빌어요!
祝你新年快乐! Zhù nǐ xīnnián kuàilè!	새해 복 많이 받으세요!
祝你生意兴隆! Zhù nǐ shēngyi-xīnglóng!	사업이 번창하길 빌어요!

 대화해 봐요!

A : 祝你生日快乐! 생일 축하해!
　　Zhù nǐ shēngrì kuàilè!

B : 谢谢! 고마워!
　　Xièxie!

谢谢 你帮助我!

나를 도와줘서 고마워요!

'고맙다'라는 뜻의 '谢谢' 뒤에 절이나 구가 오면 상대방의 호의나 배려에 대한 고마운 마음을 나타낼 수 있어요.

谢谢 + A

谢谢你帮助我! Xièxie nǐ bāngzhù wǒ!	나를 도와줘서 고마워요!
谢谢你送我回家! Xièxie nǐ sòng wǒ huí jiā!	나를 집에 데려다 줘서 고마워요!
谢谢你请我吃饭! Xièxie nǐ qǐng wǒ chīfàn!	식사를 대접해 주셔서 고마워요!
谢谢你的救命之恩! Xièxie nǐ de jiùmìng zhī ēn!	생명을 구해 주셔서 고마워요!
谢谢你的安慰! Xièxie nǐ de ānwèi!	위로해 주셔서 고마워요!

 대화해 봐요!

A : **谢谢**你帮助我! 도와줘서 고마워!
　　Xièxie nǐ bāngzhù wǒ!

B : 不客气! 아니야!
　　Bú kèqi!

感谢您的帮助!

당신의 도움에 감사드립니다!

'고맙다'라는 표현은 '谢谢' 말고도 '感谢'라는 동사를 통해 나타낼 수 있으며, '谢谢'보다 좀 더 격식 있는 표현이라 할 수 있어요.

感谢 + A

感谢您的帮助!
Gǎnxiè nín de bāngzhù!

당신의 도움에 감사드립니다!

感谢您付出的辛苦!
Gǎnxiè nín fùchū de xīnkǔ!

당신의 수고에 감사드립니다!

感谢您的热情招待!
Gǎnxiè nín de rèqíng zhāodài!

당신의 환대에 감사드립니다!

感谢您对我的关怀!
Gǎnxiè nín duì wǒ de guānhuái!

관심 가져주셔서 감사드립니다!

感谢您为我做的一切!
Gǎnxiè nín wèi wǒ zuò de yíqiè!

저를 위해 해주신 모든 것에 감사드립니다!

 대화해 봐요!

A : **感谢**您对我的关怀! 관심 가져주셔서 감사드립니다!
Gǎnxiè nín duì wǒ de guānhuái!

B : 不客气! 아닙니다!
Bú kèqi!

★ 어순에 맞게 배열하세요.

01. 早日 / 希望 / 我 / 康复 / 你

____

02. 热情 / 感谢 / 您 / 的 / 招待

____

★ 한어병음을 중국어로 바꿔 써보세요.

03. Wǒ xīwàng nǐ néng chénggōng.

____

04. Xièxie nǐ sòng wǒ huí jiā!

____

★ 중국어를 우리말로 바꿔 써보세요.

05. 祝你新年快乐!

____

06. 感谢您的帮助!

____

PART 2 주제별 패턴중국어

★ 빈칸에 알맞은 단어를 보기에서 찾아 써보세요.

01。 ______, 银行______走? 실례지만, 은행에 가려면 어떻게 가요?

02。 ______我很喜欢他。 사실 나는 그가 (매우) 좋아요.

03。 ______他去中国旅游了。 듣자하니, 그는 중국으로 여행을 갔대요.

04。 我______没摔倒。 나는 하마터면 넘어질 뻔 했어요.

05。 我______她很漂亮。 나는 그녀가 예쁘다고 생각해요.

06。 ______水果我___爱吃。 과일이라면 나는 다 잘 먹어요.

07。 这部电影______一看。 이 영화는 한번 볼 만해요.

PART 2

★ A, B 대화를 자연스럽게 연결해 보세요.

08。A：你弟弟叫什么？　　　　ⓐ B：我五十八岁。

09。A：他是哪国人？　　　　　ⓑ B：他叫大卫。

10。A：您多大年纪？　　　　　ⓒ B：他是韩国人。

11．A：今天几月几号？　　　　ⓓ B：今天三月三十一号。

12。A：昨天星期几？　　　　　ⓔ B：现在两点四十分。

13．A：现在几点？　　　　　　ⓕ B：昨天星期二。

14．A：你坐什么上学？　　　　ⓖ B：坐地铁上学。

15。A：上班要多长时间？　　　ⓗ B：要两个小时。

★ 우리말을 중국어로 바꿔 써보세요.

16. 나는 여태껏 지각을 해본 적이 없어요. (从来没~过)

____

17. 나는 막 저녁을 먹으려던 참이었어요. (正要)

____

18. 가끔 나는 그가 보고 싶어요. (有的时候)

____

19. 나한테 이것은 매우 특별해요. (对~来说)

____

20. 당신도 나를 좋아하면 좋겠어요. (要是~就好了)

____

21. 사양할 필요 없어요. (不用)

____

22. 그를 기다리지 말아요. (不要~了)

____

23. 늦게 와서 미안해요. (对不起~了)

____

Chapter 01

01. 我们看电影。
02. 她不说谎话。
03. 他不喝酒。
04. 你学习汉语吗?
05. 우리는 고기를 안 먹어요.
06. 그녀는 텔레비전을 봐요?

Chapter 02

01. 柠檬很酸。
02. 时间太晚了。
03. 我太聪明了。
04. 弟弟不高。
05. 그는 뚱뚱하지 않아요.
06. 집은 그다지 크지 않아요.

Chapter 03

01. 他不是留学生。
02. 我也是学生。
03. 这不是空调。
04. 那也是手机。
05. 그도 간호사예요.
06. 당신들은 모두 기자예요.

Chapter 04

01. 我跟朋友一起玩儿。
02. 我对她有意思。
03. 妈妈给我做菜。
04. 银行离邮局不远。
05. 수업이 끝나려면 아직 10분이 남았어요.
06. 부모님은 나를 자랑스러워하세요.

Chapter 05

01. 我们想学汉语。
02. 我们愿意参加比赛。
03. 我们要换钱。
04. 学生应该好好学习。
05. 나는 말을 탈 줄 알아요.
06. (당신은) 가도 돼요.

Chapter 06

01. 书在桌子上。
02. 我有一个梦想。
03. 爸爸在公司。
04. 我家里有一只小狗。
05. 우체국은 은행 앞에 있어요.
06. 나는 남자친구가 있어요.

Chapter 07

01. 她去美容院做头发。
02. 我坐公共汽车去公司。
03. 他们用手机拍照。
04. 我有时间见女朋友。
05. 우리는 기차를 타고 베이징에 가요.
06. 나는 집을 살 돈이 있어요.

Chapter 08

01. 大夫让我吃药。
02. 老师叫我们做作业。
03. 我请老师喝茶。
04. 楼下有人找你。
05. 아빠는 아들이 술을 마시지 못하게 해요.
06. 그는 나를 들어오지 못하게 해요.

Chapter 36

01。对我来说, 这个很重要。

02。凡是水果我都爱吃。

03。有的时候, 我也想哭。

04。他们的精神值得表扬。

05。당신도 나를 좋아하면 좋겠어요.

06。키가 크면 됐어요.

Chapter 37

01。别吃这个东西了。

02。对不起让你失望了。

03。不要说了。

04。对不起我来晚了。

05。그를 기다리지 말아요.

06。약속을 어겨서 미안해요.

Chapter 38

01。我希望你早日康复。

02。感谢您的热情招待!

03。我希望你能成功。

04。谢谢你送我回家!

05。새해 복 많이 받으세요!

06。당신의 도움에 감사드립니다!

PART 1　문형별 패턴중국어(p.167)

01。我学习汉语。

02。我不聪明。

03。我是学生。

04。我和他一起学习。

05。我想喝咖啡。

06。我有男朋友。

07。我用铅笔写信。

08。ⓐ　　　　09。ⓒ

10。ⓑ　　　　11。ⓔ

12。ⓓ　　　　13。ⓕ

14。ⓗ　　　　15。ⓖ

16。你越来越漂亮了。

17。她又善良又漂亮。

18。我们一边上学一边工作。

19。我先洗澡然后吃饭。

20。她一回家就洗手。

21。他不是学生, 而是老师。

22。我是从韩国来的。

23。你何必那么生气呢?

PART 2　주제별 패턴중국어(p.249)

01。请问, 银行怎么走?

02。其实我很喜欢他。

03。听说他去中国旅游了。

04。我差点儿没摔倒。

05。我觉得她很漂亮。

06。凡是水果我都爱吃。

07。这部电影值得一看。

08。ⓑ　　　　09。ⓒ

10。ⓐ　　　　11。ⓓ

12。ⓕ　　　　13。ⓔ

14。ⓖ　　　　15。ⓗ

16。我从来没迟到过。

17。我正要吃晚饭。

18。有的时候, 我想他。

19。对我来说, 这很特别。

20。要是你也喜欢我就好了。

21。你不用客气。

22。不要等他了。

23。对不起我来晚了。

중국어회화
패턴으로 정복하기

초판 1쇄 인쇄 2017년 1월 5일
초판 1쇄 발행 2017년 1월 10일

발행인 박해성
발행처 정진출판사
지은이 이지랭기지 스터디
감수 허경(許京)
편집 김양섭, 박유미
기획마케팅 이훈, 이현주
표지디자인 로그트리
출판등록 1989년 12월 20일
주소 136-130 서울특별시 성북구 화랑로 119-8
전화 02-917-9900
팩스 02-917-9907
홈페이지 www.jeongjinpub.co.kr

ISBN 978-89-5700-132-5   *13720